GW00836013

Irene Bernardini

ANCHE UNA MAMMA NASCE

Piccoli spunti(ni) per nutrire
il cuore delle neomamme

*A Donatella, mia madre, che mi ha donato la vita
e mi ha insegnato a scoprirne i colori.*

Indice

Per cominciare

Senza troppi fronzoli.

Generalmente, quando ci si accosta a una lettura, viene abbastanza naturale chiedersi chi ci sia dietro il nome di chi scrive, chi è la persona con la quale, attraverso la mediazione dello scritto, entriamo in contatto.
Mi spiace deludervi. Potrò dirvi solo quello che *non* sono.

Non sono una mamma.
Non ancora, almeno, mentre scrivo.
E chissà se mai lo diventerò! (Mi scappa un sorriso...)

"Ma se non sei mamma, come fai a scrivere un libro sulla maternità? Che ne sai tu di cosa significa essere madre?"

Non escludo che questo pensiero ti possa attraversare la mente, anche solo per un attimo.
Lo capisco...
Per questo, se credi che il fatto che io non sia madre faccia perdere valore e significato ai contenuti di questo libro, sei libera di chiuderlo e di riporlo...davvero..!

Se, invece, ti incuriosisce scoprire da dove questo libro *nasce* (anche i libri hanno una gestazione e una nascita!) e vuoi gustarne i contenuti che ho scritto per te e, soprattutto, se te la senti di darmi un pizzico di fiducia, continua a leggere.
Ti prometto che il tempo che dedicherai a questa lettura non sarà tempo perso.

Ho notato, in effetti, che la maggior parte delle autrici che hanno pubblicato libri o articoli sulla maternità possono contare- è il loro cavallo di battaglia- sulla loro personale esperienza di madri.

Loro hanno toccato con mano (e con cuore) le trasformazioni legate al corpo e alla mente che si attivano quando si aspetta un bambino, insieme alle difficoltà che si incontrano, inevitabilmente, quando il figlio viene alla luce.

Io no.

Loro possono dire di capirti come nessun altro perché ci sono già passate.

Io no.

Io non sono mamma- dicevo- : per il momento sono "solo" figlia.

Ma, col tempo, ho sentito e realizzato che di questo essere *soltanto* figlia potevo fare proprio il *mio* cavallo di battaglia.

Sono stata una figlia che, come per natura accade, ha sentito e vissuto tutto ciò che sentiva e viveva sua madre proprio in quel tempo e in quello spazio che in queste pagine andremo ad esplorare.

Perché quel legame, che tu probabilmente stai già iniziando a sentir nascere dentro di te, è così profondo, già a partire dai primi momenti della gestazione, che permette di sperimentare qualcosa di indicibile e imperscrutabile: una forma di comunicazione continua tra mamma e figlio, un dialogo interiore in cui il confine tra te, madre, e lui/lei, il tuo bambino, è labile e difficile da tracciare.

Per cui, ciò che sperimenti *tu* diventa esperienza *sua* e ciò che vive *lui* diventa vissuto *tuo*.

In questo senso anche io, nel mio *non* essere mamma, forse qualche diritto di parola ce l'ho.

Ecco, allora, che cosa ho fatto: ho lasciato spazio.

Ho permesso alla mia personale esperienza del periodo prenatale e perinatale di affiorare a poco a poco e di affacciarsi alla mia mente e al mio cuore di donna.

Ho attinto a quella che potrei definire una "memoria del corpo e dell'anima" e le ho dato ascolto.

Ho dato voce alle parole che mia madre, probabilmente, avrebbe avuto bisogno di sentirsi dire, mentre si occupava di me in quegli anni.

Ho cercato di amalgamare e armonizzare tutto questo con i contributi della ricerca e della letteratura scientifica: quello che leggerai è il risultato finale.

Sì, perché, oltre a questa immersione nel passato, oltre alla rielaborazione della mia esperienza di figlia, ho fatto appello alla mia dimensione professionale, che è quella di psicologa.

Nel mio percorso formativo ho approfondito proprio lo studio del periodo perinatale, di tutto ciò che riguarda la nascita e lo sviluppo delle interazioni madre-bambino e delle loro implicazioni sul piano emotivo e psicologico.

Nel mio lavoro, infatti, mi dedico al sostegno e al supporto delle donne durante la gravidanza, il periodo *post-partum* e i primi anni di vita del bambino.

Ho iniziato a definirmi *"la psicologa delle neomamme"* proprio perché credo profondamente che la sfida della maternità sia una delle più difficili che una donna si trovi a vivere nel corso della sua vita e, per questo, sento che meriti un'attenzione e una dedizione particolari.

Ciò che più mi sta a cuore, infatti, è dare il mio contributo come professionista per promuovere il benessere psicologico delle neomamme, dando priorità assoluta alla loro dimensione di donne, prima ancora che di madri .

La mia scelta professionale costituisce, quindi, un altro pezzo del mio cavallo di battaglia: la mia formazione, infatti, mi permette di coltivare ogni giorno la difficile arte dell'empatia, ovvero quella capacità di mettersi nei panni dell'altro (in questo caso delle mamme), e di sentire ciò che l'altro sente, senza però farmi travolgere né sovrastare da quegli stessi vissuti.

Ecco che, allora, la dimensione professionale ha preso per mano quella personale: ed è da tale sodalizio che questo libro ha visto la luce.

Il mio *non* essere madre può, paradossalmente, costituire l'elemento di differenza e, allo stesso tempo, il punto di forza, il valore aggiunto (e non la tessera mancante del mosaico!) che mi permette di avvicinarmi, in punta di piedi, all'universo del tuo essere madre.

Che cosa troverai in queste pagine?

Ho raccolto piccoli spunti di riflessione, piccoli ritagli che scandiscono quella che sarà o che già è la tua vita di futura mamma e di neomamma.

Sono spunti...ni, cioè piccoli "pasti" che mi auguro possano nutrire il tuo cuore e la tua mente in questo tempo.

Come leggere questo libro?

Non c'è una regola: come preferisci.

Anche se il mio consiglio è di *non* leggere gli spuntini tutti insieme, tutti d'un fiato.

Piuttosto ti suggerisco di gustarli uno per uno, giorno per giorno, e di lasciarti tempo per digerirli e metabolizzarli dentro di te. Altrimenti, che spuntini sarebbero? Un pasto troppo ricco potrebbe non farti ricordare nemmeno le

portate di cui è stato composto. Non ti resta che cominciare.
Piano piano, come comincia la vita.

Buona lettura!
Irene
la psicologa delle neomamme

Quando nasce una mamma?

Come nasce un bambino? Almeno ad un primo livello, quello biologico, lo sappiamo tutti. Anche perché ce lo siamo chiesti già da bambini, da bambine.

Ma una mamma? Quando nasce una mamma? E soprattutto, in che modo viene a sua volta al mondo?

Nasce forse nel momento in cui il bambino emette il primo vagito e lei si sente finalmente e misteriosamente chiamata da lui?

Oppure nasce durante il tempo della gravidanza o, prima ancora, quando scopre di essere incinta?

Nessun quiz "a crocette": probabilmente non c'è una risposta "giusta", che sia la stessa per tutte.

Quello che è certo è che diventare madre è l'approdo di un cammino che tu come donna compi dentro di te e che ti conduce alla conquista di un atteggiamento mentale del tutto nuovo, particolare e unico: quello che il famoso psichiatra e psicoanalista americano Daniel Stern definisce *"assetto materno"*.

Puoi immaginarlo come una lente attraverso la quale, da un certo momento in poi, osservi e organizzi la tua vita e che ti rende diversa, in un certo senso ti separa, dalla donna che sei stata fino ad allora e dalle donne che ancora non sono madri.

È quella lente a farti vedere, in modo prima indistinto e poi sempre più chiaro, che sta nascendo, prima di ogni altra cosa o persona, una nuova parte di te.

Una stella polare che ti farà da guida e ti accompagnerà per tutta la vita, rendendoti una persona profondamente nuova, un essere del tutto unico e speciale.

Se qualcuno ti dirà o ti dice già che non sei più la stessa, che sei cambiata, che non sei più come prima, devi dargli ragione. È proprio così (... e meno male che è così!).

Il tuo paesaggio interiore si sta trasformando in una realtà diversa, che merita di essere accolta e accudita, proprio come un neonato.

È la grandezza, e insieme la piccolezza, della novità.

Mi piacerebbe istituire il *compleanno delle mamme* e festeggiare questo giorno come si fa con gli eventi importanti e significativi! Perché tu non nasci quando nasce tuo figlio. Tu nasci prima di lui, altrimenti non potresti accompagnare la sua nascita.

Allora tu, tu diversa da ogni altra, quando hai sentito di essere nata come mamma? Prenditi il tempo per appuntare i tuoi pensieri.

Una tripla gravidanza

Anche quando nel pancione non ci sono dei gemelli, la gravidanza di una donna è sempre, in realtà, una gravidanza tripla.

Questa affermazione potrebbe lasciarti perplessa, ma se ci rifletti non è poi così assurda.

Ti sarai resa conto del fatto- una verità quasi indicibile, perché difficile da verbalizzare- che quando hai scoperto di essere incinta, nella tua mente ha iniziato a prendere forma l'idea del tipo di madre che avresti potuto diventare.

Ma contemporaneamente hai iniziato a fantasticare su come sarebbe stato il tuo bambino, hai iniziato a rappresentartelo.

Ecco che, oltre all'embrione, al feto che cresceva fisicamente dentro di te (gravidanza 1), anche il tuo stato psichico (gravidanza 2) e il bambino immaginario (gravidanza 3) trovavano spazio nella tua mente giorno dopo giorno, dando vita ad una gravidanza "su tre livelli".

Come sarà questo bambino? Come sarò io come madre?

Come cambierà la mia vita da ora in poi?

Come cambierà il rapporto con la mia, con le nostre famiglie (se hai un compagno di vita accanto), con gli amici?

Come sarà il parto? Mi sento così inadeguata e intimorita alla sola idea di doverlo affrontare!

Queste e altre domande potranno attraversarti o averti già attraversato la mente.

Forse si presentaranno non solo pensieri sottoforma di interrogativi, ma anche preoccupazioni travestite da incubi notturni, e strane sensazioni anche durante le ore della veglia, del giorno, del lavoro, di ogni tua attività quotidiana.

Ma soprattutto, si affacceranno al tuo orizzonte di donna tanti sogni ad occhi aperti, tante immagini mentali.

La tua fantasia lavora a pieno ritmo, la tua attività psichica è particolarmente fervida in questa fase, perché non è possibile che tu non ti prospetti un'idea di "come sarà".

Formuli ipotesi, produci le fantasie più strane, al punto che vieni presa da un timore che potrebbe quasi gettarti tra le braccia della paura.

Non spaventarti, né sentirti "strana" di fronte a questo fantasticare continuo. Sei tu, ci sei tutta tu in questo strano mondo a tre dimensioni.

Un mondo che ha i confini delle tue speranze, della tua storia, dei tuoi timori.

È come se in esso si concentrasse tutto ciò che per te conta veramente.

Sappi che questo processo immaginativo ti accomuna a tante future mamme come te, e ognuna diversa da te. Ed è un processo creativo, assolutamente funzionale per prepararti ad affrontare con il giusto *assetto mentale* la situazione che ti troverai a vivere, una volta che il bambino, dopo aver abitato quel *tuo* mondo, verrà al mondo di tutti.

Ripensare il tuo corpo

È cambiato così rapidamente che quasi non te ne sei accorta. In effetti, il tuo corpo non è più quello di prima, ma questo nuovo corpo da futura mamma, in continua trasformazione, non è poi così male!

Certo, guadagnare chili in più non è di per sé entusiasmante, ma poi ti osservi, guardi quel pancione che cresce settimana dopo settimana, e ti riempi di gioia e di una certa soddisfazione. Forse è l'unico momento- a tua memoria- in cui avere la pancia ti fa sentire davvero speciale! Perché comprendi, anche se piano piano e con un po' di fatica, che quello che sta lievitando in te non è la *tua* pancia, ma la *sua* vita.

È normale che il tuo corpo e i cambiamenti che lo attraversano siano un altro polo importante dei tuoi pensieri. Te ne accorgi a poco a poco.

Alcuni cambiamenti ti rendono felice, altri magari ti preoccupano e ti destabilizzano.

In fondo hai "solo" nove mesi per abituarti a questa vera e propria metamorfosi, in cui ti sembra di essere *non più* tu e *non ancora* un'altra, e solo nove mesi per accoglierla sia dal punto di vista fisico che psichico.

Come diventerà il mio corpo? Riuscirò a tornare quella di prima, una volta che il mio bambino sarà nato? Sarò ancora capace di attrazione? Piacerò ancora a mio marito/compagno?

Legittime preoccupazioni. Del resto, una parte della nostra autostima è inevitabilmente legata anche all'immagine corporea.

Ma oltre a concentrarti sull'aspetto estetico, indubbiamente importante, prova a lasciarti cullare dal pensiero che, proprio

11

grazie a questi cambiamenti del tuo corpo, stai rappresentando in tutto e per tutto l'universo del tuo bambino.

E che il tuo pancione è un vero e proprio mappamondo di vita!

Di fronte a questo pensiero, i chili che modificano la tua *silohuette* non saranno più segno del *tuo* fallimento, ma note della *sua* musica.

Una brava mamma

Sarò capace di amarlo? Lui mi amerà? Sentirò fino in fondo che è davvero mio figlio e che ha scelto me come mamma? Sarò in grado di capire i suoi bisogni? Ho le caratteristiche naturali per essere una brava mamma?

Alcune di queste domande potranno aver attraversato i tuoi pensieri.

Una delle ragioni possibili è che il diventare mamma ti mette di fronte ad un aspetto che, di solito, viene dato per scontato e di cui non si tiene molto conto prima di quel momento. Un aspetto che si pensa non abbia molto a che fare con l'essere madre.

Si tratta del tuo modo di costruire i rapporti con l'altro.

Riflettere su questo ambito può suscitare in te le sensazioni più diverse, positive e non solo: è importante comunque che tu ti chieda come il tuo modo di essere con l'*altro da te*, in generale, influenzerà la costruzione del rapporto con *tuo figlio*, in particolare.

Alla base di tutto questo ci può essere il desiderio profondo di sapere se sarai in grado di instaurare un'adeguata relazione con il tuo bambino.

Ma che significa "adeguata"?

Significa che nell'essere madre non è richiesta alcuna perfezione e che quanto deriverà da te, dal tuo intuito e dalla tua sensibilità sarà sufficiente a garantire un buono sviluppo del tuo bambino.

Le 3 A

Attesa. Aspettativa. Ansia.

Probabilmente tre degli ingredienti che hanno punteggiato la tua gravidanza. Ingredienti che non hanno un sapore unico e deciso, ma un sapore- per così dire- agrodolce: un misto di gioia e paura.

Li hai assaporati e vissuti con intensità diverse e con le più varie sfumature nel corso dei nove mesi di gestazione. Forse la loro presenza nei tuoi giorni ti ha dato l'opportunità di guardare dentro te stessa, di entrare in contatto più profondo con le tue emozioni.

Ricordi che cosa hai provato?

Forse ti sei sentita messa di fronte ai nodi e alle ferite del passato, oppure hai percepito l'opportunità di rileggere quegli stessi eventi da una prospettiva nuova, con una diversa consapevolezza.

Poter accogliere queste emozioni è prezioso, per te e per il tuo bambino. Ma ci vuole uno spazio che le contenga, per evitare che prendano il sopravvento e che vadano ad intaccare la relazione con il tuo piccolo.

Per questo, può essere molto utile la scrittura. Attraverso di essa, non importa se più o meno elaborata, riuscirai a chiamare per nome il tuo vissuto.

Dai voce alle emozioni della tua gravidanza, anche adesso, a distanza di tempo. Ripensale. Riportale alla mente. Percorri di nuovo quel periodo. Cerca di fare pace con lui, se magari è stato un tempo difficile.

Accoglilo per quello che è stato. Così una quarta A diventerà la più importante e abbraccerà le altre: Accoglienza.

Cosa mi succede?

Forse ricordi bene quella fase o forse il ricordo è stato offuscato e ti appare meno nitido, adesso.

Sono trascorsi pochi giorni dal parto e stai ancora realizzando che quel cucciolo, che fino a poco fa era nel tuo corpo, adesso è entrato a far parte realmente e concretamente dei tuoi giorni. Nel senso, semplicemente, che è lui a segnare il tuo tempo, è lui a scandire i ritmi di una giornata che prima era solo tua.

Sei felice, di una felicità ancora incredula, eppure in alcuni momenti ti ritrovi a piangere senza un apparentemente senza motivo oppure ti senti turbata per piccole cose, che in altri momenti chiameresti banalità.

Sei ipersensibile a qualunque sollecitazione che ti arrivi dall'esterno: la pelle della tua psiche sembra diventata carta velina. Stanchezza e senso di sfinimento ti sovrastano.

In altri momenti, poi, ti senti preoccupata e ansiosa. Uno stato di confusione ti può attraversare, un velo di tristezza può interporsi fra te e il resto del mondo. Un mondo che guardi da lontano, ora come se non ti riguardasse, ora come se ti travolgesse.

"Ma che mi succede?" È questa la domanda che non riesci nemmeno ad ammettere tu ti stia ponendo.

Stai attraversando quella fase di passaggio cruciale, determinante, dall'essere gestante all' essere una madre che si prende cura del suo piccolo. Che non lo deve più *gestare* ma *gestire*: un cambio di vocale che cambia un mondo.

Adesso, anzi, i mondi sono due.

La tua immagine corporea è cambiata all'improvviso, anche se ancora la pancia non è rientrata del tutto, e ti chiedi quando mai succederà, visto che lui o lei è ormai là fuori.

In più, tutto ad un tratto, l'attenzione, che prima era rivolta interamente a te, adesso vira molto velocemente verso il tuo bambino.

La paura per questo nuovo assetto e il senso di inadeguatezza possono prendere il sopravvento e sfociare in sentimenti di confusione e di tristezza.

Sei chiamata a fare i conti con quello spazio vuoto, successivo al parto, che è stato riempito in quei nove mesi da sogni, fantasie e desideri, ma che adesso puoi colmare di nuovo con la vicinanza fisica *del* tuo bambino e *al* tuo bambino.

Il contatto intimo e costante con lui/lei può aiutarti a ricreare quell'unione così profonda che il parto, inevitabilmente, ha interrotto.

Ed è proprio in quei momenti che senti ancora di più il bisogno di non essere da sola a prendere confidenza con questa nuova realtà che cominci a costruire.

A poco a poco, ti accorgi che, in maniera quasi spontanea, questo stato emotivo che ti ha attraversata, il *maternity blues*-così lo chiamano- tende ad affievolirsi, per scomparire poi del tutto, lasciando il posto ad altre emozioni e ai tuoi sorrisi, adesso nuovi. Ce l'hai fatta, ce l'avete fatta.

Stampato nella tua mente

Il ricordo di quel momento permane vivido nella tua mente.

Comunque siano andate le cose, sia che sia stata un'esperienza assolutamente positiva o del tutto negativa, o perfino, in parte, traumatica oppure un insieme di tutti questi elementi, la memoria del giorno in cui hai dato alla luce il tuo bambino resterà incancellabile.

Probabilmente si sbiadiranno i ricordi – se ce ne sono- più negativi e resteranno più scolpiti quelli positivi.

Forse ti sarai accorta che il racconto del parto è diventato un elemento integrante della tua identità di madre e ti ritrovi ad esprimere il ricordo di questa esperienza con una freschezza e una lucidità incredibili, anche a distanza.

Può accadere che ripensare al parto- che non è *un momento*, ma *una serie di momenti,* che magari ti saranno sembrati infiniti- scateni in te una moltitudine di pensieri su come avresti preferito che andassero le cose, oppure farti riaffiorare delle emozioni non piacevoli, che magari cerchi di ignorare per paura che vengano bollate come "inadeguate" e "non lecite" per una neomamma.

Non è così, stai tranquilla.

Non c'è alcuna emozione inadeguata o che non abbia diritto di cittadinanza nel tuo cuore.

Il parto è un'esperienza di transizione psicologica enorme, che mette a dura prova la tua persona, la tua identità, la tua storia.

È un evento che ti fa fare un balzo in avanti verso la costruzione della tua identità materna. Proprio per questo, può farti sentire svuotata, esausta, euforica, disorientata, impaurita.

In quel momento così critico, e tutte le volte che ci ripenserai, queste e molte altre emozioni potranno affacciarsi. Quello che conta è che tu lasci spazio a ciascuna di esse tutte le volte che busseranno.

È fondamentale che tu possa esprimerle ed elaborarle, ripercorrendole con la mente e con il cuore ogni volta che ne sentirai il bisogno. Qualunque sia il tuo percorso emotivo, da questo punto di vista, tieni presente e ripeti a te stessa queste parole: "Ne sono stata capace".

Tu e lei

Vi siete incontrate e scontrate, perdute e ritrovate, amate nel profondo, ma talvolta forse anche detestate, in una continua oscillazione che è parte della vostra danza insieme, unica e irripetibile.

In questa danza ci sei tu, figlia, e lei: tua madre.

Questa relazione con lei, per quanto positiva o negativa si possa considerare, è sempre stata centrale per la tua identità.

Ma che cosa succederà adesso che nascerà il tuo bambino, che cosa è già successo da quando è nato?

La tua identità di madre sta sbocciando e quell'idea dell'essere *"figlia di"* fa qualche passo indietro per lasciare più spazio alla dimensione dell'essere diventata *"madre di"*.

Questo è il tuo futuro adesso, con tutte le sue meravigliose opportunità.

Hai mai pensato a quanto radicale e profonda sia questa trasformazione per il tuo essere donna?

Avviene così rapidamente che quasi non te ne accorgi, ma questa metamorfosi può generare in te un senso di perdita e di nostalgia, oppure può costituire, al contrario, una straordinaria conquista.

In entrambi i casi il cambiamento c'è ed è piuttosto importante e significativo.

Da quel momento in poi non sei più solo figlia.

Questo passaggio, così naturale, e al tempo stesso sostanziale, si porta dietro un bel *cocktail* di emozioni che non riesci a decifrare subito, dopo la nascita del tuo bambino.

Ecco che puoi sentirti felice e triste al tempo stesso.

Felice per la nuova vita che hai aiutato a venire alla luce, triste per la vita di figlia, dalla quale stai prendendo parziale congedo, ma che pure ti accompagnerà in ogni passo del tuo essere madre. Come avrai imparato durante i mesi della gravidanza, non si prova mai un'emozione soltanto.

Da due a tre, nonostante

Eccola lì quella profonda consapevolezza, quell'intuizione del cuore che si fa sentire distintamente, chiara e schietta come poche altre cose al mondo.
Nostante la fatica quotidiana, le notti insonni

Nonostante i momenti in cui vorresti gridare che non ce la fai più

Nonostante il papà del tuo bambino non sempre riesca a capire fino in fondo quello stai provando, pur mettendocela tutta

Nonostante possa capitare che il tuo compagno già non ci sia più o sia fin troppo ossessivamente presente

Nonostante tu alterni dentro di te momenti di sconforto e prostrazione a euforia e forza incontenibile

Nonostante tutto questo, senti dentro di te, con chiarezza disarmante, che la tua gioia ha fatto un salto di qualità, oltre ad essersi davvero moltiplicata da quando quel "terzo" si è affacciato per la prima volta alla finestra dei tuoi giorni e ha cambiato per sempre i connotati del tuo essere donna.

Triangoli

Solitamente se ne parla meno e forse tu stessa hai meno occasione di farci caso.

Ma se ti soffermi un attimo, realizzi che, accanto alla tua nuova famiglia, costituita da te, il papà, il piccolo, c'è un'altra nuova costellazione familiare che spesso sta sotto la superficie ed è meno visibile.

È quella formata da te, il piccolo e tua madre (non importa se lei non è più con te o se vive lontana).

Sembra che questo triangolo eserciti una certa influenza sul tuo paesaggio psicologico. Una presa interiore che riesce a sorprenderti per la sua forza.

Più o meno consapevolmente puoi trovarti a sentire di dover corrispondere, fra le altre cose, anche alle aspettative che questo triangolo ti pone.

È in tale contesto emotivo che può emergere la necessità di un riesame dei rapporti passati e presenti.

Anche se sono tante e variegate le persone che costituiscono la tua rete di supporto e di conferme, nessuna avrà verosimilmente un impatto emotivo tanto forte quanto quella di tua madre.

Che la vostra sia sta una buona relazione o che non lo sia stata, in entrambi i casi potrà richiederti uno spazio di attenzione e di riflessione particolare.

Può essere questa l'occasione che la vita ti offre di guardare con altri occhi un rapporto forse di fiducia e affetto profondo, forse di discredito o di competizione, forse di gelosia, di complicità, e perfino di tutti questi elementi insieme.

E ora che sei madre anche tu, pensa che lei a sua volta dovrà misurarsi con i propri ricordi, i propri rimpianti, le sue consapevolezze, il suo passato.

In questo nuovo presente, in cui la nuova vita vi ha catapultato, *ti* si offre e *vi* si offre l'occasione di una alleanza autentica: a patto che non diventi fonte di esclusione per nessuno, anche in questo caso il beneficio che ne deriverà non sarà solo tuo, ma anche del tuo piccolo.

E se...?

"E se smettesse di respirare da un momento all'altro? Meglio accostarsi ancora una volta al lettino e controllare."

Forse ti sarà capitato di pensarlo.

Quante volte avrai sentito l'impellente necessità di avvicinarti al tuo piccolo per sentire il suo respiro, mettendo il tuo dito sotto quel nasino minuscolo per cogliere quel microscopico alito di vento altrimenti impercettibile, e magari il giorno dopo sorridere di questa tua azione apparentemente esagerata.

Tranquilla, non è follia, ma qualcosa che chiede di non essere ignorato. Ascoltiamo anche questo.

Si tratta dell'espressione di una delle principali preoccupazioni di una neomamma: ora che quel piccolo è venuto *alla* vita, va tenuto *nella* vita.

E così può accadere che tu ti ritrovi in un perenne stato di allerta che, da un lato, ti porta a non abbassare mai la guardia, ma dall'altro è anche ciò che ti permette di proteggere il tuo piccolo e di interiorizzare sempre di più le tue nuove responsabilità di mamma.

L'ansia di protezione nei confronti del bambino è assolutamente comprensibile e naturale. Quindi, permettimi il gioco di parole, è una preoccupazione di cui non devi preoccuparti!

La paura che il piccolo possa farsi male per colpa tua, per una sbadataggine o per presunta inadeguatezza ti accomuna a molte neomamme e può manifestarsi nelle forme più diverse.

Ti accorgerai poi che le paure per la sopravvivenza del bambino diminuiranno con il passare del tempo, senza sparire mai del tutto, naturalmente.

Passeranno semplicemente in secondo piano, per lasciare spazio ad altre preoccupazioni. Si trasformeranno, adeguandosi e modellandosi sull'età di tuo figlio.

Del resto anche questo vissuto è parte integrante del mestiere di mamma. Anche questi timori appartengono al nuovo DNA che si sta costruendo in te. Quello che conta è imparare a dosarli, a non farsene sovrastare.

C'è un momento

C'è un momento, che spesso arriva senza alcun preavviso, in cui realizzi per la prima volta che la sopravvivenza del tuo bambino dipende interamente da te.

Non servono tante parole per descrivere questo accadimento: all'improvviso ti rendi conto che la sua vita è letteralmente nelle tue mani.

Vedi tutta la sua fragilità, tutto il suo essere inerme, comprendi che a quella creatura si potrebbe fare qualsiasi cosa, e la sua piccolezza diventa anche la tua: una bella stretta allo stomaco (e al cuore!) si fa sentire forte e chiara.

Sarò capace di tenerlo in vita? Ce la farò a capire i suoi bisogni e a soddisfarli in modo adeguato?

Sono sempre stata una persona affidabile e responsabile, ma ora riuscirò ad esserlo anche con il mio bambino?

Sarò in grado di farlo crescere bene?

Una cascata di domande e di timori, un senso di sgomento può affacciarsi e tenerti stretta.

La ricerca di conferme e rassicurazioni nelle persone più vicine ti aiuterà ad esplorare le paure e le incertezze di questa fase. Ma di una cosa puoi stare certa.

La sicurezza e la fiducia in te stessa è un processo che si sviluppa e matura gradualmente, a mano a mano che tu e il tuo bambino costruite la vostra relazione e che tu registri con i tuoi occhi i suoi progressi e il suo sviluppo.

Da questo deriverà non solo il consolidamento del legame fra voi, ma anche la consapevolezza che sei e sarai perfettamente capace di dare al tuo piccolo proprio ciò di cui ha bisogno e che sei quindi, a tutti gli effetti, una mamma.

Tu, unica e insostituibile per la creatura che attraverso di te si è affacciata al mondo.

Agire senza riflettere troppo

Sembra quasi un'assurdità, soprattutto in riferimento ad una mamma.

Eppure, da quando hai il tuo bambino, ti rendi conto che ricorrere all'intuito ti viene sempre più spontaneo e naturale.

Intuitivamente inventi e trovi modi sempre nuovi per tenerlo in braccio, toccarlo, intrattenerlo, per produrre e fargli produrre suoni, anche attraverso una mimica che serva a coltivare la relazione fra voi.

E ben presto, senza quasi essertene accorta, ti ritrovi in possesso di un repertorio di azioni-reazioni e comportamenti istintivi a cui attingerai a seconda della situazione.

Magari, prima della nascita del piccolo, eri una di quelle persone che cerca il più possibile di avere un controllo sui vari aspetti della propria vita.

Facevi di tutto per programmare, organizzare, sapere in anticipo cosa fare e come farlo.

Adesso, invece, è una rivoluzione.

Ti ritrovi ad agire quasi del tutto sulla scia della spontaneità, dell'immediatezza, e attingi il più possibile dalla cesta delle tue intuizioni per ricavarne la soluzione più adatta da utilizzare momento per momento.

Per qualcuna può essere più facile adattarsi a questo nuovo assetto basato, di fatto, sull'improvvisazione continua sul palcoscenico della vita.

Per qualcun'altra potrà risultare più faticoso destreggiarsi in un mondo dove le soluzioni cambiano in continuazione, dove non ci sono regole fisse e, se ci sono, devono essere improntate a flessibilità e fantasia.

Quello che è certo è che questa intuizione materna è uno strumento preziosissimo che devi sentirti libera di proteggere e coltivare giorno per giorno, senza permettere a nessuno di interferire con esso o di metterlo in discussione.

Tu sei la mamma. Tu sai e senti cosa è meglio per te e per il tuo bambino.

Nessun altro lo può sapere e sentire meglio di te.

Di tale certezza puoi fare tesoro, senza che diventi per questo un territorio inespugnabile dove nessuno può entrare. È ancora una volta una questione di misura e di delicatezza: tutti possono collaborare al tuo essere mamma, ma dovranno farlo in punta di piedi, di mani e di cuore. Prima, ci sei tu.

Servizio h24

Forse lo hai già sperimentato sulla tua pelle o sei prossima a sperimentarlo: il tuo è un servizio h24.

Tradotto significa che hai una responsabilità nei confronti del bambino che non ti lascia mai ore libere o di "permesso". Qualunque decisione rispetto al bambino tocca a te prenderla.

È ovvio che anche il papà interviene e contribuisce al processo decisionale, ma c'è sempre un non so che, più o meno implicito e certamente anche frutto di una "legge non scritta"- almeno nella nostra società- che ti proclama titolare del compito.

In termini concreti questo implica che devi prendere decisioni rapide ed efficaci anche quando sei attanagliata dai dubbi e non sai da che parte iniziare.

Questo fatto a volte può generare ansia e produrre un senso di smarrimento in te. Anche perché la responsabilità di successo o di esito negativo delle decisioni il più delle volte ricade su di te.

Ti potresti sentire come al centro dello sguardo di tutti quando si tratta di cercare risposte e capire come è meglio intervenire con il bambino.

Oppure potresti avvertire che gli altri si aspettano da te una preparazione impeccabile, già acquisita, su come crescere il piccolo, senza che ti sia lasciata alcuna possibilità di errore o di incertezza.

Quello che vorrei dirti oggi è che il dubbio, l'incertezza e anche il momentaneo "non sapere" che potrai sperimentare, fanno parte del tuo assetto mentale materno.

E non ti toglieranno la qualifica di colei che, più di chiunque altro, può prendere decisioni e fare scelte sulla base di ciò che sente sia meglio per il suo bambino.

Al contrario, sono proprio l'incertezza e il dubbio a fare di te una madre autenticamente umana.

Quella fatica disarmante

A scandire il tuo tempo non sono soltanto la paura e la preoccupazione costante per la sopravvivenza del piccolo. C'è un'altra compagna dei tuoi giorni: quella fatica disarmante e dilagante durante i mesi successivi al parto.

La stanchezza è inevitabile: sei sempre in gioco, ventiquattro ore al giorno, per fornire le cure necessarie al bambino.

Del resto, in questa fase più che mai, i distacchi possono essere solo molto limitati e, in ogni caso, non sono mai semplici.

E anche quando riesci a delegare momentaneamente il compito a qualcun altro, familiare o amica, la responsabilità finale è tua.

Ci si aspetta che tu abbia la risposta a tutto, che tu sappia intervenire nel momento giusto e in modo sempre efficace nonostante l'imprevedibilità delle situazioni con cui ti confronti.

Questo certamente comporta un aumento del tuo livello di stanchezza.

Il rientro al lavoro non sempre aiuta a risolvere il problema dell'affaticamento, anche se alcune mamme fanno questo tentativo sperando che ciò dia loro un po' di sollievo, se non altro perché le depolarizza da quella concentrazione unica e assoluta sul loro cucciolo.

In realtà il problema della fatica non viene del tutto superato, anzi.

In pratica ci si trova di fronte ad un livello di affaticamento quasi cronico che raramente ti è capitato di provare in altre fasi della vita.

Ma è chiaro che l'amore per il tuo bambino e le preoccupazioni relative alla sua salute e sicurezza sono una spinta fortissima che ti porta a non mollare, anche se sei sfinita e indebolita e arrivi quasi al punto di pensare di impazzire.

Come dice il grande Stern, questa fase è la *"prova del fuoco"* di una madre.

Ma quando, dopo i primi anni, la prova del fuoco si avvia al termine perché i ritmi del bambino (e quindi anche i tuoi!), cominciano a regolarsi, ripenserai a questo tempo come ad un *mix* di gratificazione, piacere, paura, fatica e preoccupazione.

Ma, soprattutto, sarai sorpresa e stupefatta di tutto quello che sei riuscita a fare

("Ma come ho fatto?"- ti chiederai) e potrai essere orgogliosa di te stessa per come sei stata in grado di superare questa prova, proprio mentre ti sembrava di dover scalare una montagna... con le infradito!

Due

Sono essenzialmente due. E sono strettamente legati l'uno all'altro.

Sono i compiti base di una neomamma: garantire la sopravvivenza del piccolo e amarlo.

L'amore verso di lui ti porta a fare tutto il possibile (e l'impossibile!) per fornirgli le cure necessarie a mantenerlo in vita e, allo stesso tempo, tutti gli sforzi che fai nel prenderti cura di lui creano delle interazioni speciali che rendono sempre più intimo e profondo il legame fra voi, portandoti ad amare il tuo piccolo sempre di più.

A proposito di interazioni speciali, pensa all'allattamento. È un modo di stare insieme che, nella maggioranza dei casi, nessuno vi ha mai insegnato formalmente, ma che,in qualche modo, rientra in una modalità di conoscenza interiore che definiamo "intuito materno".

Nonostante le possibili difficoltà iniziali, ti accorgerai che tu e il tuo piccolo siete come due direttori d'orchestra che, insieme, sono in grado di condurre il ritmo della suzione.

La poppata, infatti, è solo apparentemente uno dei tanti gesti della tua quotidianità. Se ci pensiamo, è molto di più. Rappresenta un vero capolavoro di interazione umana che, in buona parte, avviene senza troppa consapevolezza del "come si fa". Avviene e basta, tra continua meraviglia e stupore, perché entrambi siete in possesso dei "passi base" che già intuitivamente riuscite a muovere insieme. Si tratta di sincronizzarli sempre di più, con gradualità.

Certo, non tutte le poppate filano lisce, anzi! Può capitare che ci sia un eccesso o una carenza di stimolazione da parte della mamma, che il bambino sia inquieto, la mamma stanca o giù di umore, che ci siano dei rifiuti, dei distacchi.

Ma se da un da un lato questo può scoraggiarti, dall'altro prova a ripetere a te stessa che anche questi disallineamenti fanno parte della danza tra te e il tuo bambino.

A poco a poco imparerai a cogliere i segnali che il tuo piccolo ti manda e ad adottare il comportamento migliore per assicurare una poppata soddisfacente per entrambi.

Proprio grazie a queste interazioni e ai tentativi di sincronizzazione reciproca la vostra relazione continuerà a costruirsi e rafforzarsi giorno dopo giorno.

E poi giochiamo

Un'altra forma d'interazione preziosa che si intaura fra te e il tuo piccolo.

È curioso: il gioco, a differenza dell'allattamento, non ha alcuno scopo pratico. L'unico fine è il divertimento reciproco, il reciproco godimento, immotivato e gratuito.

Forse proprio per questo, anche se sembra l'attività più facile e scontata del mondo, il gioco si rivela talvolta difficile e non così naturale.

Si tratta, infatti, di pura improvvisazione: nessun canovaccio da seguire, nessuna preparazione.

"Ma sono in grado di giocare così spontaneamente? Sarò capace di adattare il mio comportamento a quello del bambino in base alle sue risposte e a modulare la mia iniziativa sulle sue mosse? Il bambino si divertirà con me?"

Anche queste domande potrebbero suonarti familiari.

Probabilmente intuisci che il gioco non può funzionare se non ci si lascia andare, se si hanno troppe preoccupazioni e tensioni o, ancora, se si è inibiti o troppo stanchi e giù di morale.

Ma anche in questo caso, la Natura ha predisposto le cose in modo tale che l'interazione madre-bambino possa essere comunque salvaguardata.

Il piccolo, infatti, è equipaggiato in modo da poter fare ricorso ad una serie di strategie innate che utilizza per regolare i segnali provenienti dalla mamma e i propri stimoli interni.

Distoglie lo sguardo, gira la testa, guarda nel vuoto, emette vocalizzi, si irrigidisce o rilassa il corpo, muove le braccia, piange. Insomma, ognuno di questi comportamenti ti segnala come il bambino stia recependo la tua iniziativa di gioco ed eventualmente ti avverte se devi spostare il livello di stimolazione verso una maggiore o minore intensità.

E quindi, anche quando le cose sembrano non andare bene, si ricomincia.

Si prova di nuovo. Ci si mette, appunto, "in gioco".

A poco a poco insieme imparerete a modulare la vostra interazione giocosa, durante la quale i cambiamenti dell'uno determinano cambiamenti complementari nell'altro, in un'altalena di scambi che vi permette di consolidare sempre di più il vostro legame affettivo.

Già il poeta latino Virgilio diceva (più di duemila anni fa!) che il bambino impara a riconoscere la madre *dal* sorriso (di lei), ma anche *con il* sorriso, *attraverso* il sorriso (di lui): questo significa che il gioco gratuito, che nel ridere trova una delle più autentiche manifestazioni, è capace di generare quel riconoscimento che accompagnerà entrambi, comunque, per tutta la vita.

Privilegio

Se ti soffermi un attimo a pensare (prenditelo, ogni tanto, un piccolo spazio per farlo), ti renderai conto che quello che stai vivendo con il tuo piccolo è un momento incredibilmente privilegiato della tua vita di donna.

È proprio in questo tempo, durante i suoi primi anni di vita, che hai l'opportunità di costruire la tua nuova identità materna, di riflettere su te stessa e, in qualche modo, di rifondarti come persona.

Sono rari i momenti della vita in cui ciò è possibile: la maternità è senz'altro uno di questi.

La chiamano "crisi evolutiva": una sorta di passaggio naturale e fondamentale che, di fatto, ti porta a buttar giù parte della tua precedente struttura, del tuo modo abituale di essere e di osservare le cose del mondo, per ricostruirlo e organizzarlo in modo sorprendentemente nuovo, inedito, originale.

E se riesci a ritagliarti del tempo per riflettere su quello che fai in questo periodo, sui cambiamenti che avvengono in te, per sentirli, cercare di capirli e accoglierli, capirai anche di poter dare loro un significato e poterne influenzare la direzione.

La stragrande maggioranza delle scelte che fai durante lo svolgimento dei tuoi compiti di mamma (allattamento, gioco, etc.) non è altro che il riflesso e l'espressione profonda della tua persona e del tuo modo di essere con gli altri.

Ed è proprio durante questi scambi che il tuo bambino impara cosa significhi confrontarsi con un "tu", cosa debba aspettarsi dalla relazione con un altro essere. Tutto questo costituirà il bagaglio prezioso per la costruzione dei suoi futuri rapporti interpersonali.

L'interazione fra te e il tuo bambino funziona dunque come un laboratorio, un microcosmo di cambiamenti e aggiustamenti continui che offre anche a te la possibilità di reinventarti e di elaborare, momento per momento, nuovi modi di essere in relazione con te stessa e con gli altri.

Tuffarsi in lui

Immergersi completamente in lui. Mettersi nei suoi panni, anche se piccolissimi. Sentire quello che sente lui.

Questo processo di identificazione con il tuo piccolo è un altro ingrediente prezioso della vostra relazione.

Cosa produce tale meccanismo? Che ti sembra quasi di sapere, almeno in alcuni attimi, come ci si senta ad essere dei cuccioli d'uomo. E questa consapevolezza, unita a tutti i vissuti che si riattivano in te relativi alla tua esperienza di "piccola", non fanno che aiutarti ad entrare ancora più pienamente in contatto emotivo con il tuo bambino.

Quando riesci ad immergerti così profondamente nel mondo del tuo piccolo senti che ognuno di voi due mette qualcosa di sé nell'altro, in uno scambio reciproco che rende il vostro legame ancora più unico e speciale.

Magari non riesci nemmeno a descrivere questo tipo di esperienza e di sensazione a chi ti sta vicino, tanto è profonda e avvolgente.

E poi ti rendi conto che chiunque potrebbe prendersi cura del tuo bambino materialmente, ma solo tu e pochi altri (il papà, i nonni) riescono ad entrare in questo legame di empatia autentica con quella creatura, identificandosi con lei e con i suoi bisogni.

È da questo processo di identificazione che può nascere l'amore.

Ed è l'amore per il tuo cucciolo che alimenta, a sua volta, la tua attenzione, il tuo interesse nei suoi confronti e quindi il riproporsi costante dei tuoi gesti pieni di empatia.

Scopri, quindi, che c'è un'intima responsabilità anche rispetto all'amore verso il tuo piccolo, perché sarà questo amore, più di qualunque altra cosa, a garantirgli uno sviluppo adeguato.

Si tratta di un amore che chiede di essere annaffiato ogni giorno e che costituisce un altro aspetto fondamentale della tua identità materna.

Perché se è vero che il verbo amare- da un lato- non ha l'imperativo (non si può "ordinare" di amare), è altrettanto vero che l'amore non è solo un fatto istintivo, ma si costruisce con pazienza, attenzione, cura.

Conferme, conferme, conferme

Mentre ti stai dedicando anima e corpo a prenderti cura del tuo piccolo e a coltivare l'intima relazione con lui, ti rendi conto di provare sempre di più il bisogno di confrontarti con altre donne, di sentire che le tue azioni e le tue esperienze di mamma sono in qualche modo confermate e validate.

Ti sarai accorta, o ti accorgerai, che già dai primi istanti dopo il parto il bisogno di sostegno e di supporto (pratico e psicologico) da parte di una figura femminile è più che mai prezioso.

Sia che si tratti dell'ostetrica, di tua madre o di quella zia che ti ha cresciuta come una figlia, quello che la tua interiorità di donna chiede a gran voce è una qualche forma di incoraggiamento e di convalida.

Non solo suggerimenti pratici: quello di cui senti il bisogno è un clima psicologico che ti rassicuri e ti trasmetta fiducia nelle tue capacità e potenzialità materne.

È come ricevere un caldo abbraccio.

Anche gli scambi con altre mamme si rivelano quanto mai preziosi (basti pensare a quanti sono i gruppi sul *web* che permettono il fluire di un confronto costante fra mamme).

Del resto, anche questo tipo di interazioni va a soddisfare alcuni tuoi bisogni: quello di essere rassicurata, di conoscere alcuni "trucchi del mestiere"; il bisogno della conferma che, tutto sommato, non te la stai cavando poi così male e, soprattutto, il bisogno di sentirti parte della grande famiglia delle mamme, che ti permette di non percepirti sola ad esplorare questa terra sconosciuta che è la maternità.

Per questo, non temere di chiedere aiuto o sostegno a chi senti possa esserti di supporto: anche il solo fatto di sentirti "autorizzata" a dare voce alle tue preoccupazioni, paure e incertezze ti aiuta ad osservarle da una prospettiva diversa e a gestirle meglio. Insieme è meglio, perché si offre a ciascuno e a ciascuna l'occasione di condividere la propria parte e di farne un tesoro comune. In questa affascinante e inattesa aritmetica della maternità tutto ciò che si condivide risulta inaspettatamente moltiplicato.

Sfogliare il passato

Stai tenendo in braccio il tuo piccolo, la sua testolina appoggiata a te e lui tutto rannicchiato che si perde nel tuo abbraccio, quando improvvisamente senti riaffiorare alla mente un ricordo della tua infanzia. Un frammento di memoria che apparentemente spunta dal niente.

Stai cambiando il pannolino e, ancora all'improvviso, ti ritrovi a pensare che, in effetti, ciò che stai vivendo adesso con il tuo bambino è lo stesso tipo di esperienza che ha vissuto tua madre con te.

Come sarà stata per lei questa esperienza?

Già durante la gravidanza accade che si attivi in te una curiosità nuova rispetto al tuo passato e, in particolare, al periodo in cui tu eri la "piccola" della situazione.

Puoi esserne più o meno consapevole, ma quello che spesso succede è di ritrovarti a fare domande a tua madre o ad altre figure significative chiedendo loro come si comportavano quando si prendevano cura di te.

C'è una vera e propria riattivazione del passato. Ripensi alla tua infanzia.

Ma perché succede?

Il bisogno di un modello a cui fare riferimento si fa sentire prepotentemente e attingere alle esperienze del passato, ricercando elementi che potrebbero risultarti utili, può sorgerti spontaneo. Per certi aspetti può essere molto rassicurante.

Ma ripensare alla tua storia di "piccola" potrebbe anche attivare memorie più dolorose. I ricordi possono essere permeati da sfumature emotive più oscure e pesanti da sostenere.

E magari la domanda carica di timore "sarò/sono come mia madre?" (se non ne hai avuto un'esperienza positiva) potrebbe non darti pace.

Cosa fare in questo caso?

Sicuramente non reprimere queste emozioni, ascoltarti molto e cercare di trovare spazi in cui poter dare voce a questo vissuto.

Perché è consigliabile un atteggiamento del genere?

Perché tutto ciò che in te rimane irrisolto, represso e non elaborato, viene percepito e assorbito più o meno direttamente dal tuo piccolo.

Tutti hanno *ferite* che provengono dal passato: il punto è capire se si vuole trasformarle in *feritoie* da cui poter far entrare una nuova luce che illumini la propria vita e quella dei propri cuccioli.

Separarsi e ritrovarsi

Come reagisce il tuo bambino di fronte alla separazione e al ricongiungimento con te? E tu come ti senti quando ti allontani da lui?

Il modo in cui tu e il tuo bambino vivete reciprocamente l'allontanarvi e il ritrovarvi definisce quello la psicologia chiama "modello di attaccamento".

Questo modello, che viene classificato diversamente a secondo delle modalità con cui si presente, è visibile già entro il primo anno di vita, quando il piccolo è in grado di muoversi autonomamente e quindi è capace di allontanarsi e di riavvicinarsi a te.

Uno dei motivi per cui le varie tipologie di modello sono così importanti è che il tipo di attaccamento ci può già dire qualcosa sul modo in cui il bambino si adatterà, da un punto di vista emotivo e psicologico, ai vari contesti di vita che incontrerà negli anni successivi (es. il rapporto con gli amichetti, con le maestre, etc.).

Anche se in genere c'è una naturale tendenza, inconsapevole, a riprodurre nell'interazione con il tuo bambino il modello che hai sperimentato quando eri piccola, non sei destinata a ripetere necessariamente questo modello.

E ciò è un bene, soprattutto se il tipo di attaccamento che hai vissuto da piccola rientrava in quelli cosiddetti *insicuri*.

Come fare per controbilanciare questa tendenza alla ripetizione?

Se hai modo di riflettere sulla relazione che hai avuto con tua madre e di elaborarla, di rileggerla da una nuova prospettiva, avrai sicuramente più probabiltà di non replicare automaticamente modelli passati, ma anche di non adottarne di diametralmente opposti- non per questo necessariamente funzionali- finalizzati a prendere le distanze da quello che hai vissuto e che magari ti ha fatto tanto soffrire.

Si tratta quindi di ripensare e di ricostruire la storia con tua madre, con tuo padre, di osservarla con altri occhi e, in sostanza, di poter fare pace con quel passato. Essere mamma, in questo, potrà aiutarti davvero tanto in questa direzione.

Ripresa del lavoro: quando?

Sei in piena fase di adattamento alla maternità.

Stai faticosamente cercando di trovare un equilibrio fra la tua nuova identità di madre e tutti gli altri ruoli che ricopri (moglie, compagna, collega, amica, figlia).

Probabilmente uno dei compromessi più difficile da trovare è quello tra l'essere madre e il tuo lavoro.

Angoscia, sensi di colpa, perplessità e dubbi la fanno da padroni in questa fase.

È bene che una neo-mamma rientri a lavorare?

Se sì, qual è il momento giusto?

Quanto è importante stare prevalentemente accanto al bambino nei suoi primi anni di vita?

Queste sono solo alcune delle domande che attanagliano molte neomamme già dal momento in cui scoprono di aspettare un bambino e iniziano a prospettarsi il futuro.

Non ci sono risposte giuste o sbagliate, soluzioni perfette e valide per tutte indistintamente.

Ci sono, piuttosto, compromessi più o meno buoni.

Ciò che va tenuto presente è che qualunque sia la scelta a cui arriverai, non devi fartene una colpa.

Quel compromesso, infatti, è anche il risultato e la conseguenza di un assetto politico e sociale che, purtroppo, non è sempre- almeno alle nostre latitudini- positivamente predisposto nei confronti della madre e attento a considerare l'impegno che la sua condizione comporta.

Quindi non sentirti in colpa! Tu stai già facendo tanto.

Lascia spazio all'ascolto di te stessa e di quello che senti sia meglio per te, per il tuo bambino e per la tua famiglia.

I papà

Premurosi, creativi, pazienti, imbranati, precisi, accorti, stanchi, confusi, teneri...

Sono i papà di questi tempi. Anche loro percorrono un cammino per diventare padri. Anche loro hanno bisogno di un tempo necessario alla costruzione del loro "assetto paterno".

Il papà del tuo bambino osserva la trasformazione che sta avvenendo in te con un misto di confusione, stupore e anche un po' di senso di inadeguatezza, per il semplice fatto che è consapevole di non poter accedere fino in fondo all'universo ricco e misterioso della maternità.

Le modalità con cui esprime questo bel *mix* di stati d'animo possono essere le più varie .

Quello che però spesso accade (o comunque è auspicabile che accada) è che in lui si attivi un naturale istinto a creare una sorta di rete di supporto, di tipo pratico, emotivo ed economico che faccia da cuscinetto protettivo rispetto alla realtà esterna, permettendoti di avere cura del piccolo senza troppe interferenze.

Mentre in te prevale l'istinto di assicurare la sopravvivenza del vostro bambino, lui può sentire su di sé la più forte responsabilità di garantire la sopravvivenza della vostra famiglia.

Ecco che la sua prospettiva riguardo ai propri obblighi cambia: il lavoro e la sicurezza economica diventano obiettivi- per così dire- rinforzati.

Questo non significa che il neopapà non sia interessato e non si dedichi ad accudire il bambino, anzi! Se ne prende cura quando può, con piacere e ci riesce anche piuttosto bene. Tuttavia, dentro di sé, percepisce che proteggere la propria famiglia dalle "minacce" esterne, quelle reali e quelle simboliche, costituisce il suo principale compito.

Quello per cui ogni giorno, nonostante le notti insonni (sì, anche i papà si svegliano), affronta la sua giornata *fuori*.

Il nostro ritmo

È un valzer da ballare insieme. Una danza che inizia fin da quando il piccolo è nel tuo grembo e che continua anche dopo, almeno fino ai primi due anni di vita.

Tu sei la sua aura protettiva, il suo guscio, la sua corazza. E lo sei non solo fisicamente, ma anche e soprattutto emotivamente.

Una grande responsabilità nei suoi confronti.

Fa anche paura a volte, tanto è grande e significativa per lui.

Tu e il tuo bambino siete una vera e propria coppia che balla all'unisono, che cerca di trovare il proprio equilibrio e il ritmo della relazione.

Non è qualcosa che si impara, come una lezione. È qualcosa che si crea.

E quando si crea, le cose possono anche non riuscire sempre e subito bene.

E soprattutto, ogni realtà che si crea non è mai identica a un'altra. Ma è proprio questa la bellezza e il valore della creazione artistica: la sua unicità. Quello che è certo, però, è che si può provare e riprovare. Sempre.

Ciò che conta è innanzitutto aprirsi all'errore, prendere consapevolezza della sua esistenza, perfino del suo valore, e accettare che ci sarà.

L'errore non è un marchio sulla tua persona, sul tuo essere una madre non sufficientemente buona.

È l'errore inscritto nel DNA del tuo essere madre autentica, vera.

Una mamma ricca di umanità.

Rientrare nel mondo di fuori

Una decisione sofferta in entrambi i casi.

Nel primo, nel momento in cui ti trovi a dover riprendere il lavoro prima di quando vorresti: subito, il senso di colpa e l'angoscia di doverti separare forzatamente dal tuo bambino prendono il sopravvento.

Inizi magari a rattristarti già da molto prima di riprendere la tua attività, anticipando il dolore del distacco.

Nel secondo caso, se per vari motivi hai la possibilità di restare a casa più a lungo, sperimenti quasi un senso di esclusione dalla società, come se perdessi delle occasioni per coltivare la tua carriera; oppure hai la sensazione che il tuo ruolo lavorativo potrebbe essere messo in discussione e magari la tua mansione essere affidata ad altri.

Sperimenti il paradosso per cui a casa ti senti insostituibile e sul lavoro, invece, una delle tante.

Ti trovi a dover lottare per evitare di essere svalutata e demansionata dai colleghi o dai tuoi capi.

Qualsiasi sia la tua decisione, se accelererai o ritarderai il tuo rientro, il turbamento interiore che vivi non è poca cosa.

Quello che è certo è che la morsa in cui ti senti stretta è causata purtroppo da una problematica di fondo che pervade in modo decisivo il contesto sociale in cui siamo immersi.

Non sei tu ad essere debole e incapace o ad essere una "cattiva" madre.

Adattarti e trovare un equilibrio tra il tuo assetto materno e la realtà della società in cui viviamo è un altro dei compiti più difficili che sei chiamata a svolgere.

Ancora una volta è questione di inventiva e creatività materna.

Grazie anche al sostegno dei papà, quando ciò è possibile, della famiglia di origine (quando è vicina), potrai trovare degli aggiustamenti su quando e come rientrare nel luogo da cui sei uscita, magari solo pochi mesi fa, orgogliosa del tuo pancione, oppure già da tanto tempo, se hai avuto una gravidanza a rischio che ha suggerito al medico di prescriverti il riposo fin dai primi mesi.

Non resta che provare ad assecondare questi compromessi con saggezza, cercando di dare il giusto peso ai bisogni del bambino, alle necessità economiche, al tuo futuro di donna e a te stessa come madre. In questa fase e per tutti i tuoi passi futuri.

Quale sonno?

Inevitabilmente ti concentri sul ritmo del *suo* sonno, sui *suoi* risvegli, sul *suo* pianto. La tua attenzione e, più in generale, tutta te stessa è spesso convogliata là. In quella dimensione in cui il confine tra il sonno e la veglia è tanto delicato e fragile. Basta un niente perché il sonno diventi veglia e, in compenso, serve spesso molto di più (lo avrai già sperimentato, forse!) perché la veglia si tramuti in sonno.

Hai mai pensato, invece, a quale è stato il *tuo* rapporto col *tuo* sonno? Hai dei ricordi in proposito?

Che cosa ti hanno raccontato i tuoi genitori sul modo in cui dormivi quando eri piccola?

Magari ti capita di rivedere nel tuo bambino tracce di te, delle tue difficoltà di addormentamento, della paura di restare sola o, al contrario, del senso di rilassamento e di sicurezza che sperimentavi fra le braccia di tua madre.

Il tuo piccolo è il tuo specchio e ti rimanda continuamente aspetti che ti appartengono.

Ed è il confronto con queste tracce che può aiutarti a riconsiderare e a rileggere problematiche o dinamiche del tuo passato.

Può succedere anche che le scelte che fai rispetto alla gestione del sonno non siano altro che la conseguenza dello stile che hai sperimentato a tua volta da piccola, oppure, al contrario, siano un rovesciamento totale di quello stile, proprio per controbilanciare esperienze che risuonano dolorose in te.

Questo vale non solo per ciò che riguarda il sonno, ma anche per altri ambiti: l'alimentazione, il gioco e ogni aspetto significativo della vita del tuo bambino.

In pratica, tuo figlio ti sta dando, anche in questo caso, una grandissima opportunità: fare un bilancio, una rilettura, una revisione della tua storia e di tutto ciò che ha significato per te essere piccola.

E' l'occasione per riscoprire la bambina che è in te e, a partire da questo, poter dare un senso al tuo stile materno di oggi.

I cinque linguaggi dell'amore nel post-partum

Non c'è una gerarchia. Sono tutti preziosi e sono linguaggi che proteggono la relazione tra voi neogenitori.
Stare in contatto con il tuo *partner* attraverso questi linguaggi può aiutare entrambi a sentirvi uniti in un periodo così delicato come quello del *post-partum*.
Ed ecco qualche suggerimento per i papà:

Doni: portare dei regali, piccoli simboli, un fiore, qualche dolcetto, oppure un buono-regalo per un massaggio, per un servizio di pulizie domestiche che magari in altri momenti non vi sareste permessi (e non solo per motivi economici, ma perché "nessuno sa fare le faccende di casa come le so fare io"), per qualche buon cibo a domicilio.

Parole di ammirazione e gratitudine: "vedo quanto ti stai dando da fare per prenderti cura del nostro piccolo e ti sono grato per tutti i tuoi sforzi" ; "grazie per tutti i sacrifici che stai facendo per la nostra famiglia"; "sei sempre bellissima".

Qualità del tempo: Trascorrere del tempo con lei mentre sta allattando, semplicemente standole vicino; se possibile, chiedere qualche ora di congedo dal lavoro o orari più flessibili per poter stare a casa con lei.

Azioni: fare un lavatrice, stendere il bucato, predisporre dell'acqua sempre a portata di mano.

Contatto fisico: abbracciare, baciare sulla fronte, massaggiare i piedi, accettare e accogliere anche se in quel momento lei non richiede di essere toccata.

Fra i tanti nuovi impegni, c'è bisogno di prendersi cura anche della vostra relazione, di custodirla, di adattarla al nuovo assetto familiare.

C'è bisogno di rivedere i ruoli, di riorganizzarsi, di trovare una sintonia nuova che vi guiderà nella grande avventura che avete iniziato. E di rimanere, nello stesso tempo, persone che si cercano, si desiderano, sono complici.

Perché l'essere genitori non toglie, non sottrae. È invece un grande valore aggiunto alla qualità delle vostre vite.

Anche tu

Ne hai bisogno anche tu.

Non soltanto il tuo piccolo ha un vitale bisogno di contatto.

Anche tu necessiti di ricevere e di essere trattata *con-tatto*.

Soprattutto quando quel sentimento d'inadeguatezza, d'incompetenza, di ansia e di disperazione prende il sopravvento e ti fa sentire così imperfetta e sbagliata.

Soprattutto quando pensieri ricorrenti e paure irrazionali potrebbero farti temere di fare del male al bambino.

Soprattutto quando la vergogna, il pianto e l'ipersensibilità rispetto a ciò che ti accade intorno non ti lasciano in pace.

Sei stata in "stato interessante" per un certo tempo e magari adesso senti che questo "essere interessante" è svanito, non c'è più.

Agli occhi del mondo, e ai tuoi occhi, solo il bambino.

Ma tu dove sei?

Ritrovarsi, rientrare in contatto con te stessa: anche questo è tanto importante quanto la cura e la dedizione per il tuo piccolo.

Avere cura di te, dei tuoi stati d'animo, riconoscerli e accoglierli, è la condizione necessaria per poter rispondere prontamente ai bisogni del tuo bambino, per essere emotivamente disponibile nei suoi confronti, per interpretare i suoi segnali, per trasmettergli sicurezza e amore.

E se senti di non farcela, se senti poca comprensione o un supporto non sufficiente da parte di chi ti sta intorno, non aver paura di segnalare il tuo bisogno e di chiedere aiuto.

È un gesto di cura e protezione per te stessa, per il tuo piccolo e per la vostra relazione.

Questione di sfumature

Succede e non è sempre facile farsene una ragione.

Succede che ti ritrovi piena di gratitudine per il piccolo che hai dato alla luce e che ti ha cambiato la vita, ma allo stesso tempo ti senti così stanca e provata per tutto quello che il nuovo arrivato richiede.

Quel "tutto" che, di fatto, corrisponde a te e al suo papà: significa le vostre attenzioni, il vostro corpo, le vostre voci, il vostro tempo e le vostre energie.

In pratica la vostra persona nella sua totalità (mica poco!).

Succede che ci sono dei momenti in cui, quasi quasi, ti verrebbe voglia di dire: "Mollo tutto, non ce la faccio, non fa per me, ma chi me l'ha fatto fare, forse era meglio prima".

Ma ti senti tremendamente in colpa, anche solo per il fatto che uno di questi pensieri ti abbia appena sfiorato la mente e che si sia fatto sentire.

E allora se ne affacciano altri a ribadirti e confermarti, con più forza, che, in effetti, non sei poi così brava come mamma.

"Certi pensieri di resa non si addicono mica ad una vera mamma"- ti dice quella vocina- "altro che istinto materno!"

E così questo circuito mentale, una volta innescato, si autoalimenta, e comincia a rosicchiare i tuoi giorni e il tuo cuore.

Ecco, in quei momenti fermati un attimo.

Respira.

Concentrati su un'immagine che ti sta a cuore. Tienila bene a mente.

Prova a "stare" con quell'immagine e a sentire che emozioni ti suscita.

Prova a riconoscere il giudizio su di te per poi lasciarlo andare.

Prova a fare spazio al pensiero che tu sei ben altro che un insieme di giudizi.

Sei forza e fragilità, felicità e tristezza, entusiasmo e calma, sorrisi e lacrime.

E sei anche tutte le sfumature, le infinite variazioni cromatiche che stanno in mezzo a questi poli. Sfumature che ti rendono unica e soprattutto rappresentano tutto ciò di cui il tuo bambino ha veramente bisogno. Siete entrambi un arcobaleno.

Dicono che

"Dice che devo dargli l' *aggiunta*, perché la piccola non sta prendendo abbastanza peso."

"Dice che il mio latte non è sufficiente"

Aggiunta. Non abbastanza. Peso. Non sufficiente.

Tutte parole che risuonano in te come tamburi martellanti.

Parole che vanno a toccarti proprio lì, in quell'insenatura del cuore scavata da chissà che lontananza di luogo e di tempo.

E il messaggio interiore che si riattiva potrebbe essere più o meno questo:

non sei abbastanza, potresti fare di più, c'è qualcosa che manca in te.

Non vai bene. Sei inadeguata.

Attraverso la questione dell'allattamento senti venir messa in discussione, anche se in modo indiretto e implicito, anche te stessa, la tua persona, il tuo essere madre.

E allora scattano paragoni, confronti con altre mamme che ti vengono indicate- da quella vocina interiore che non sa stare zitta- come delle *super women*.

Il senso di inadeguatezza aumenta, lo sconforto si fa spazio.

Tutto quello che riguarda il piccolo viene sempre riportato a te in qualche modo.

Tu sei fonte di vita per lui, ma sempre tu puoi essere indirettamente considerata fonte di non-vita, perché qualcosa in te manca e quindi c'è bisogno di "aggiungere", di riportare al livello giusto.

Perché tu sei al di sotto di quella misura.

E allora sì, va bene, aggiungiamo!

Ma cosa?

Aggiungiamo comprensione per tutti gli sforzi e i tentativi che stai facendo quotidianamente.

Aggiungiamo tenerezza per i momenti in cui ti senti così imperfetta e inadeguata.

Aggiungiamo ascolto per accogliere tutte le emozioni che fatichi a sostenere.

Aggiungiamo una carezza per asciugare le lacrime che non riesci a trattenere.

Aggiungiamo parole per rassicurarti e sorrisi per contagiarti.

Comprendersi e accogliersi

Appurato che, spesso, proprio le persone che ti stanno più vicine riescono con grande leggerezza a emettere giudizi su di te, sul modo in cui ti prendi cura del tuo bambino, sulle scelte che porti avanti e che cerchi di difendere e riescono, per questo, a farti sentire sbagliata e inadeguata.

Appurato questo, che cosa dire del giudizio che invece scaturisce direttamente da te stessa?

Se ci fai caso, a volte il giudice più severo verso la tua persona e verso il tuo operato di mamma sei proprio tu.

Forse perché ti porti dietro l'idea di un' irrealistica perfezione.

Forse perché lo sbaglio e l'errore non sono mai stati ammessi nel tuo orizzonte.

Forse perché per essere amata, considerata, apprezzata dovevi dimostrare di essere impeccabile, brava, giusta.

Non c'è un briciolo di compassione, né di tolleranza verso te stessa, ma piuttosto tanta intransigenza e severità.

Accettarsi. Quanto è difficile.

Vediamo cosa *non* significa.

Prima di tutto (sdrammatizziamo con un gioco di parole!) non significa "farsi del male a colpi di *accetta*, di scure" e ridursi metaforicamente a pezzi.

Accettarti non significa arrenderti e lasciare le cose così come sono, con l'idea che "tanto ormai, non posso mica cambiarmi".

Significa invece renderti conto che alcuni aspetti di te, della tua persona e anche del tuo essere madre, sono proprio così, sicuramente imperfetti e non sempre in linea con le tue aspettative (oltre che con quelle degli altri!).

E poi, proprio a partire da questa consapevolezza, significa anche accogliere questi lati per quello che sono, senza emettere un giudizio ulteriore, che spesso si trasforma in una sentenza definitiva e inappellabile.

Significa focalizzarsi su cosa potrebbe essere migliorato e cosa, invece, merita di essere rispettato così com'è, con un atteggiamento più compassionevole e indulgente da parte del tuo io interiore.

Anche se

Eppure, anche se ti avevano preannunciato che sarebbe stata dura, difficile e impegnativa, non pensavi che lo sarebbe stato così tanto.

Non ti capaciti di come si possa sostenere un carico così grande di responsabilità, di stanchezza fisica e di emozioni contrastanti ora che sei diventata mamma.

E, infatti, a volte senti proprio di non farcela.

Vorresti sinceramente essere solo un'esplosione di sorrisi, di paroline dolci, di gioia traboccante. E invece no.

Piangi. Sorridi. Poi piangi di nuovo. E non sai nemmeno come spiegarlo.

 Sei più sensibile e magari anche più irritabile di quanto tu non lo sia mai stata prima.

Ripensi ai giorni in cui il piccolo non c'era.

"Sicuramente dormivo di più" - pensi. E già questo fa la differenza.

È vero, la vita è cambiata in meglio da quando è nato. Perlomeno questo è quello che senti in molti momenti. Ma in altri?

Non sai più dove reperire le forze, le energie, la calma e la serenità.

No, non è semplice. Affatto.

"Perché devo raccontarmi che invece ce la faccio, sempre e comunque? Perché devo dimostrare di essere forte a tutti i costi? Perché non posso permettermi di essere fragile e di riconoscere che adesso anche io ho bisogno di qualcuno che si prenda cura di me?"

Hai presente il corredo?

Sì, il corredo, quell'insieme di capi di biancheria, di solito ben stipati in un baule, che tradizionalmente veniva preparato dalle donne della famiglia per la figlia femmina in previsione del momento in cui si sarebbe sposata.

Ecco, quello.

Puoi immaginarlo, metaforicamente, come tutto il bagaglio familiare che ti sei portata dietro quando hai iniziato a costruire la tua vita insieme al tuo compagno. Anche lui lo ha fatto. Anche lui, come te, quando ha lasciato la casa dei genitori, si è portato dietro quell'insieme di vissuti, di credenze, di valori e di aspettative respirate nella sua famiglia di origine.

Quindi, quando avete iniziato a vivere insieme, vi siete ritrovati con questi due bagagli, già molto variegati ciascuno al proprio interno e, molto probabilmente, anche un po' diversi tra loro.

Hai mai fatto caso a quanto il tuo "corredo" e quello del tuo compagno abbiano influenzato e influenzino tuttora le vostre scelte, la vostra idea di famiglia, il vostro desiderio (o non desiderio) di avere un figlio, così come le convinzioni su come accudirlo, crescerlo, educarlo?

Magari non c'è sempre stata (e forse accade anche ora) completa sintonia, intesa, convergenza fra tutte le vostre visioni del mondo. Succede.

Ma come ti senti quando non riuscite a trovarvi? Come gestisci quei momenti?

Che impatto possono avere sul clima emotivo che respira il vostro piccolo?

Le questioni in sospeso, i conflitti irrisolti, i compromessi ingoiati, ma non davvero condivisi, i "non-detto" reiterati nel tempo, tutto questo può essere tranquillamente ignorato, nascosto sotto il tappeto e lasciato lì, ma gli effetti nel lungo termine, sulla vostra relazione e magari anche sul bambino, non sono purtroppo prevedibili e controllabili. Certamente, potrebbero costituire un problema, non *perché esistono*, ma piuttosto perché *se ne nega l'esistenza*.

Oppure...

Oppure puoi affrontare queste difficoltà, puoi farti aiutare a trovare nuove modalità per comunicare e dialogare in modo costruttivo e coltivare la serenità del vostro stare insieme, che è il bene per voi come singoli, per voi come coppia, per voi come famiglia, ed è il bene per il vostro bambino.

Il CV di una neomamma

Non ci pensano, non si rendono conto, non realizzano quei datori di lavoro, quei capi, quei colleghi, che stare a casa per prenderti cura di tuo figlio non è una vacanza.

È un lavoro a tempo pieno.

Ed è anche un tempo di formazione che, se ci fai caso, ti porta addirittura a rafforzare delle competenze che prima magari non avevi nemmeno così sviluppate e che, guarda caso, sono le stesse che vengono puntualmente richieste anche in ambito lavorativo.

Il tanto decantato *problem solving*, ad esempio! Non è forse una competenza che si affina, in una neomamma messa di fronte ogni giorno alla necessità di prendere decisioni, e di prenderle in maniera creativa?

Per non parlare dell'attitudine alla dimensione del *multitasking*, richiesta in molti luoghi di lavoro, ma che certo si sviluppa non poco in una mamma che deve imparare ad allattare, pulire il suo bambino, giocare con lui, accogliere le persone in visita, mantenere le giuste distanze e vicinanze dalle famiglie di origine sua e del papà, avere cura di sé e del proprio corpo, trovare un ritmo al proprio sonno e alla propria alimentazione. L'elenco potrebbe continuare, e ogni madre lo sa. Purtroppo è ancora troppo forte il pregiudizio che il periodo della maternità sia un tempo "perso" rispetto al proprio impegno professionale.

E invece il CV di una neomamma si amplia e si aggiorna istante per istante e, per questo, merita lo spazio di un riconoscimento e di una valorizzazione adeguati.

Non è scontato

Per molti sembra scontato, semplice, immediato. Che ci vuole?

E voi invece lo state cercando da tempo o lo avete cercato a lungo senza riuscirci subito.

Nessuno riesce a capire la tua frustrazione, la tua tristezza e il tuo dispiacere quando, ogni mese, con una puntualità che da ragazza agognavi e che ora detesti, quelle pennellate di rosso tornano a segnare i tuoi giorni e a dirti che, anche questa volta, non è ancora arrivato il momento per te, per voi.

Il processo per considerarti ufficialmente "futura mamma" non può dirsi ancora avviato.

Senti come se ci fosse qualcosa di difettoso in te, qualcosa che non funziona come dovrebbe. E te ne vergogni. Anche perché, purtroppo, sei immersa in una società che ancora attribuisce in gran parte solo alla donna la responsabilità di essere fertile e in grado di essere fecondata.

Ti senti così in colpa per non poter dare vita a ciò che tu e il tuo compagno sognate da tempo e per non poter regalare alla vostra famiglia la gioia di un nipotino.

Talvolta affiora anche un po' di invidia nei confronti di alcune tue amiche che ce l'hanno fatta subito e, almeno apparentemente, senza alcuna difficoltà.

E frasi del tipo "Ma voi un figlio quando lo fate?", "Non vi sembra il momento di mettere in cantiere (espressione orribile, manco si trattasse del varo di una nave!) un bebè?" arrivano come una pugnalata, che ogni volta riesce a ferirti, perché sottolinea e rimarca sempre più duramente quel vuoto e quella speranza puntualmente disattesa.

Ci sono tante "mamme del cuore", che fanno i conti con le difficoltà di riuscire ad essere anche "mamme di pancia", che si portano dentro un bagaglio di emozioni spesso tenuto nascosto, negato, taciuto, per la vergogna e per il senso di inadeguatezza che provano.

Ma le difficoltà legate all'infertilità- maschile e femminile- sono un'amara realtà, molto spesso non considerata, troppo facilmente sottovalutata e trattata con leggerezza. E invece esiste ed è ben più frequente di quanto immaginiamo.

Il fatto che il *volere* possa non coincidere con il *potere* è una lezione della vita difficile da accettare per tutti, una zona d'ombra degna del massimo rispetto: il silenzio. Che non è un voltarsi dall'altra parte, ma il segno della comprensione di una sofferenza, oltre ogni parola che a volte fa troppo rumore.

Completamente ribaltata

Diventare madre ti ribalta completamente, ribalta tutta la tua vita. I tuoi ritmi, le tue abitudini, le tue priorità, la tua sensibilità.

Sì, un po' avevi immaginato che sarebbe stato difficile, te lo avevano anche detto.

Ci sarà qualche ansia, sì, è scontato, ma riuscirò a gestirla.

Sarò stanca, sì, è naturale, ma troverò la forza da qualche parte.

Il papà sarà al settimo cielo e, anche se stanco dalla giornata lavorativa, sarà sempre pronto e felice di spupazzarsi il piccolo.

E i nonni? Anche loro entusiasti ci daranno un grande aiuto pratico e saranno disponibili a venire incontro alle esigenze della nostra nuova famiglia.

Poi accade.

Il tuo piccolo viene al mondo e questo mondo viene stravolto.

Il bambino stravolge il tuo mondo meravigliosamente, ma anche in maniera sconcertante. E niente (o quasi) è più come prima e più sotto controllo.

C'è tanta poesia intorno alla dimensione della maternità, a volte troppa sdolcinatezza. Ma spesso poco realismo.

Ti aspettavi solo gioia, felicità, ma si aggiunge anche molto altro, inevitabilmente: stanchezza devastante, frustrazione, a volte anche ostilità e rifiuto, se non proprio rabbia, emozioni-tabù per la nostra società, se vissute nei confronti dei bambini.

Ti puoi trovare in balia del pianto del piccolo, dei suoi bisogni, dei consigli dei parenti, che riescono sempre a farti sentire incapace e inadeguata.

Non ti riconosci nemmeno più. Non sai più chi sei e come sei. Dov'è la *me* di prima? Quando tornerò ad essere quella che ero?

Spaesamento, disorientamento verso te stessa e verso questo nuovo universo in cui sei stata catapultata hanno la meglio.

Diventare genitore è un momento di passaggio così delicato che meriterebbe un accompagnamento speciale. Un inserimento. Sì, esattamente come l'inserimento dei bambini al nido: avviene gradualmente e con la presenza di una figura significativa (il genitore) che all'inizio sta loro vicino e che, poco a poco, si allontana, affidandoli ad altre figure solo quando sono pronti e sufficientemente a loro agio in quel nuovo mondo.

E il tuo inserimento nel ruolo di mamma, come sta avvenendo?

Vengono rispettati i tempi giusti per il tuo adeguamento a questo nuovo mondo? Non aver timore di chiederlo a te stessa e agli altri. E se la risposta è "no", cerca e fai cercare il coraggio di cambiare musica.

Non lo sopporto

Ti sei mai data il permesso di pensare: *"Non ce la faccio più! Mi verrebbe voglia di lanciarlo dalla finestra. Posso capire quelle che lo fanno"*?

Lo so che sono frasi forti.

Forse può innorridirti e farti pensare che sia da pazza anche solo concepire un pensiero del genere verso il proprio bambino.

Immersa in una società in cui la visione così edulcorata e idealizzata della maternità è la regola, permetterti di lasciare spazio dentro di te anche a pensieri ostili, al pari di quelli dolci e pieni di tenerezza nei confronti di tuo figlio, sembra impossibile, fuori da ogni logica assennata.

Eppure anche i pensieri più aggressivi, quelli carichi di rabbia e di esasperazione profonda, in certi momenti fanno parte inevitabilmente dell'esperienza di mamma. Voglio rassicurarti che non c'è niente di patologico in questo.

Purtroppo, però, non ti è possibile verbalizzare questi pensieri e condividerli: verresti reputata una cattiva madre, una scellerata, una "fuori di testa".

Sembra che ci sia un vero e proprio tabù sociale per cui non è ammesso riconoscere certe fantasie cattive, come se il solo pensare ad una cosa corrispondesse necessariamente ad agirla, a metterla in atto.

Pensiero e azione, invece, non coincidono affatto: sono due aspetti complementari e fra loro molto diversi.

Per questo, potersi concedere di pensare cose considerate impensabili, magari in un momento di massimo sfinimento e quando sei esausta, è -tutto sommato- sano, perché ti permette di legittimare la fatica che stai provando come madre in quel momento ed è un fattore di protezione per il tuo bambino, perché fa sì che il pensiero non si trasformi in azione e che rimanga solo pensiero.

Concederti anche i pensieri "orribili", senza negarli, ma accettandoli e accogliendoli, aiuta a non cadere in modalità di azione e interazione realmente dannose per il tuo piccolo. E per fare questo è del tutto normale sentire il bisogno di essere protetta, rassicurata e accompagnata a tua volta.

Ma come fai, piccolo mio?

Come riesci a disfare quei veli di tristezza, che talvolta si poggiano su di me, quando mi guardi con quei tuoi occhioni carichi di luce?

Come fai a distrarmi dalle preoccupazioni di ogni giorno con il tuo sorriso, costellato da quei piccoli soldatini bianchi che spuntano timidamente e che pure al loro arrivo non ci fanno dormire?

Da dove attingi tutta quella tenerezza che mi spiazza cuore e anima?

Ti guardo e sei così: pace e gioia.

Ed è vero che la maternità stravolge e scombussola, ma ti mette anche in contatto con un mondo che non credevi esistesse, fatto di sfumature e di una bellezza inedita, che ti regala la forza e la voglia di metterti sempre più in contatto con te stessa e con il tuo piccolo, per riscoprirti mamma ogni giorno un po' di più e per lasciar gridare al tuo cuore: "Noi due insieme coloriamo il mondo!!"

Che fine fanno?

Dove vanno a finire quelle lacrime trattenute, ingoiate, nascoste?

Dove si annidano quelle parole che avresti voluto dire, ma che hai sostituito con altre più diplomatiche?

Che ne è di quelle ragioni che hai cercato di difendere, ma che sono scivolate via, almeno apparentemente inascoltate?

Oltre all'accudimento del tuo bambino, il tuo tempo e le tue energie sono impiegati a gestire anche tante dinamiche nuove intorno a te:

il rapporto con il tuo compagno, che deve necessariamente trovare un nuovo assetto ora che non siete più voi due soli;

la presenza dei parenti, che non sempre colgono quello che è appropriato fare, dire, omettere;

l'organizzazione della *routine* e la divisione dei ruoli;

gli strascichi di questioni che ti accompagnano da anni, ma che ora percepisci affiorare con più forza e verso cui ti senti più sensibile (e non sempre si tratta di questioni piacevoli, anzi!).

E tutto questo bel carico dove va? Dove lo metti? Che impatto ha su di te, sul tuo modo di essere e di stare in contatto con il tuo bambino, con il tuo compagno, con la tua famiglia, con i tuoi amici? Che cosa traspare dal tuo sguardo, dalle tue reazioni?

C'è una forza interiore incredibile che sgorga in te e che è risorsa preziosa per affrontare e gestire tutto questo. Ma come fai anche solo a chinarti per attingere a questa fonte se, nel frattempo, non hai l'occasione per alleggerirti un po' da tutto il fardello che ti porti in spalla ogni giorno?

Una bambina impaurita
e impotente

È così che potresti sentirti o esserti sentita qualche volta, magari proprio in concomitanza dei momenti di massima esasperazione e di stanchezza. Momenti in cui senti quasi di perdere il controllo.

Una bambina, il cui bisogno di essere nutrita e accudita affettivamente magari non è stato soddisfatto del tutto in passato. E questa mancanza sarà stata legata a mille possibili ragioni di ordinaria quotidianità o a eventi di vita più o meno avversi. Così sono rimasti dei buchi, delle lacune che sono lì a punteggiare il tessuto della tua storia.

Adesso, quando sei tu a doverti confrontare con i costanti bisogni di accudimento affettivo del tuo bambino, segnalati solitamente a gran voce (o, meglio, a gran pianto!), ecco che quei tuoi antichi bisogni infantili, quei buchi, riaffiorano prepotentemente e ti fanno sperimentare stati d'animo così confusi, pesanti e molto difficili da gestire.

Non si tratta di negare o di cancellare questi buchi. Né di colmarli con una colata di cemento tardiva. Quelli ci sono, fanno parte del tuo percorso, della tua storia. E la storia passata non può essere cambiata, ma il modo in cui tu la guardi, quello può cambiare.

Il punto è pensare a cosa farne, di questi vuoti: se vuoi lasciare che blocchino i tuoi passi futuri, impedendoti di andare avanti serenamente nel tuo cammino di mamma, donna, compagna; oppure se vuoi scegliere di accettarli, accoglierli, prendertene cura, così da renderli meno profondi e immedicabili, ma più gestibili e tollerabili. Ma, soprattutto, così da riuscire ad amalgamarli, in un impasto nuovo e originale, con tutti i doni che la vita ti ha comunque riservato e che magari, talvolta, fatichi a riconoscere.

Se...allora...

Se non faccio questo, allora poi...

Se non sono così, allora poi...

Se non mi comporto così, allora poi...

Tutto sulle tue spalle. Sempre e comunque.

Ma cosa succederebbe se ti fermassi un attimo, se mollassi per qualche istante la presa sulle piccole-grandi cose di ogni giorno?

Forse la paura di perdere il controllo potrebbe farsi sentire e avere la meglio.

E se anche perdessi il controllo per un po', se per un po' provassi a non intervenire, quali irreparabili conseguenze si verificherebbero? Prova a pensarci, prova ad elencarle, eventualmente anche per iscritto.

A volte scrivere aiuta a oggettivare qualcosa perché possa rientrare nelle giuste proporzioni.

Sarebbero davvero tutte conseguenze così irreparabili e senza soluzione?

Il tuo darti da fare, il tuo ruolo, anzi i tuoi ruoli, sono senz'altro fondamentali, utili, preziosi, ma spesso si perde di vista che le cose del tuo mondo *possono e devono* poter girare e andare avanti anche se, per qualche momento, decidi e ti permetti di fermarti. E questo non sarà per togliere dedizione e cura alla tua famiglia, a tuo figlio, al suo papà.

Non sarà per severo e freddo egoismo. Questo è per te. Per il tuo bene.

Perché nella misura in cui riesci a lasciar scorrere le cose anche un po' "senza di te" , non solo avrai modo di ricaricarti, di ritrovare le energie e un po' di tempo solo per te, ma darai anche a chi ti sta intorno lo spazio e l'*input* necessario per rimboccarsi le maniche, darsi da fare e mettersi all' opera.

E così, mentre tu ne guadagnerai in tempo, energie e stati d'animo positivi, l'altro (il partner, un familiare, un amico o un'amica), sarà gratificato nel sentirsi capace e in grado di fare la differenza con il suo contributo.

Un circolo virtuoso in cui c'è posto per tutti.

Insostituibile

Questo, forse, è uno degli aggettivi che più ti si addice in questo tempo, ma non solo.

Tu e lui, lui e te. Insieme. Sempre. Praticamente h24: anche oggi, anche domani e anche dopo domani.

Apparentemente dolcissima e romantica come situazione, ma realisticamente a volte un po' claustrofobica.

Accudire un cucciolo che dipende da te e che di te ha bisogno, in ogni istante e in ogni secondo della vostra vita attuale, può farti mancare un po' il fiato, qualche volta.

Non che il piccolo non stia volentieri con gli altri, ma è uno stare a tempo determinato, circoscritto, breve.

Poi, suona la campanella: è finita la ricreazione per te, mamma, è il momento di ricongiungerci!

E magari vorresti che quella doccia potesse prolungarsi anche solo pochi secondi in più, che il gioco con il suo papà lo entusiasmasse ancora per qualche manciata di minuti, che l'abbraccio di Morfeo lo contenesse per un altro istante, regalandovi un altro po' di sonno.

E invece no. Lui vuole di nuovo te. Ora. Non tra un po'. Adesso. E se non ci sei, sono lacrime e grida per richiamarti.

È vero, è molto impegnativo doverci essere sempre e comunque, in ogni momento. Ma essere insostituibili per qualcuno, come madre, è un'esperienza unica nel suo genere, paragonabile forse solo a quella di essere figlia.

E se affacci lo sguardo in fondo al tuo cuore di mamma, magari riesci a scorgere quella dose di sincera e legittima gratificazione che avverti nel sentirti così desiderata e insostituibile per qualcuno.

E quindi, perché non andare fiera di tutto questo?

Così, quando vedrai il tuo bambino prendere il largo nei prossimi anni, magari ti tornerà alla mente questo tempo in cui tu rappresentavi tutto il suo mondo e realizzerai che ora, invece, sei diventata il suo porto sicuro, luogo prezioso in cui lui sa di poter fare sempre ritorno e trovare rifugio.

A patto che tu abbia saputo lasciarlo partire.

Ancora noi

Quante volte ti sarai soffermata su questo passaggio così cruciale che ha cambiato radicalmente l'assetto delle vostre vite e della vostra famiglia.

Non più tu e lui, non più solo la coppia di sposi, di compagni. Ora abbracciate una nuova realtà: quella della vita a tre.

C'è da darsi tanto da fare per stare dietro al vostro piccolo e alle sue esigenze e, inevitabilmente, buona parte della comunicazione tra te e il tuo compagno inizia a ruotare essenzialmente intorno al bambino, a ciò che si deve fare, comprare, sistemare e predisporre per lui.

È lui il tema centrale del vostro dialogo, è lui che, in qualche modo, vi regala continuamente nuovi argomenti di conversazione. Niente di sorprendente: è fisiologico e naturale che questo accada.

Ma tu e il tuo compagno siete e rappresentate anche molto altro l'uno per l'altra.

Tu sei donna e compagna di vita per lui e lui è l'uomo che hai scelto di avere accanto nei tuoi giorni.

Tutto questo esiste e continua a valere indipendentemente dal fatto che adesso siete anche mamma e papà.

Coppia di sposi, di compagni, coppia di genitori: due dimensioni tra loro interrelate, certo, ma comunque distinte.

E se anche la dimensione genitoriale ha, in questa fase, un spazio naturalmente più ampio, ciò non significa che la dimensione della coppia possa fare a meno di essere ascoltata e coltivata.

Del resto, l'amore di coppia, più che un sentimento solo istintivo, è un'architettura che si costruisce attraverso stagioni diverse e che merita uno sguardo sempre pronto a rinnovarsi e a farsi sorprendere.

Quella forza

Non lo sai più da dove ti arrivi quella forza. Quella spinta che ti porta a fare anche oggi un passo in avanti per affrontare il nuovo giorno.

Anche se sei esausta, stanca, bisognosa di una doccia, di un attimo di respiro, scombussolata dentro e con i capelli un po' scombinati fuori, ti basta guardarlo, incontrare il suo profumo, respirare i suoi sorrisi e già le tensioni si allentano.

Ma non sempre accade.

A volte nemmeno la tenerezza del tuo piccolo riesce a farti stare davvero meglio, se tante altre emozioni, pensieri, preoccupazioni sono sempre lì a bussarti.

Ti senti carica di tutto, di troppo: una matassa sul cuore e sullo stomaco.

Ma tanto, chi la vede? Chi la sente? Solo tu...

Sei davvero certa che anche il tuo bambino non percepisca il carico che porti dentro? Avvertire tutte le tue emozioni inespresse potrebbe avere un impatto significativo anche su di lui?

Non fraintendermi, non è il senso di colpa verso te stessa e verso il tuo bambino che voglio alimentare, ma il senso di responsabilità e di urgenza per il *tuo* bene. Prima di tutto.

Più leggera

Spesso è così che vorresti sentirti.

Un po' meno carica di consigli non richiesti, di cose da fare, di pareri, di pensieri, di giudizi interni ed esterni, di incombenze quotidiane.

Un po' più spensierata.

Un po' più farfalla.

Come fare a ritrovare quella leggerezza?

Perché deve essere per forza tutto così pesante?

Fermati. Anche solo per pochi istanti. Questo è il primo passo.

Concediti di soffermarti un attimo sul tuo respiro, sul modo in cui sei vestita, su una foto, sul luogo in cui vorresti essere, su un ricordo felice.

Assapora quel momento.

Respira.

Lascia scorrere un sorriso.

Congratulati con te stessa per quello che hai fatto fino ad ora e non focalizzarti adesso su quello che devi ancora fare.

Prova a stare con le sensazioni di questo momento. Gustale.

La tua maternità ha il diritto di ritrovare quella leggerezza amica, che non è superficialità, ma è capacità di lasciarsi andare, di prendersi sul serio, sì, ma non troppo!

Non ti manchi mai un pizzico di ironia, che aiuta a vivere e a non piangersi addosso. Il tuo bambino- forse non ci crederai- te ne sarà riconoscente.

Spostare il focus

Una scena. Una qualunque.

Quando sei fuori per una passeggiata, quando sei a casa e ti viene a trovare qualcuno, quando sei in un ristorante, oppure in compagnia di parenti o di amici. In un qualunque scenario, ti può capitare di avvertire in sottofondo lo sguardo degli altri e può scattare la preoccupazione: "che cosa avranno da criticare questa volta?".

È come se sentissi già il loro giudizio per il modo in cui stai accudendo il tuo bambino, per il fatto che lo stai "ancora" allattando, per come lo stai svezzando, per il fatto che lo tieni sempre in braccio, per come ti sei vestita, per la condizione dei tuoi capelli, per come ti sei o non ti sei truccata.

Inizi a fare caso a tutto quello che non va bene in te e per cui potresti essere attaccata e giudicata.

Ricorda che non esiste un modo giusto e uno sbagliato per osservare il mondo: ognuno vede la realtà con il proprio filtro. Quindi, chiunque potrà formulare un suo giudizio guardandoti.

Ci sarà sempre qualcuno che avrà da dire la sua. È un dato di fatto. Non ha senso lamentarci di questo o sperare che le persone smettano di giudicarci. È pressoché impossibile.

E allo stesso tempo, non ha senso dire: "Fregatene del giudizio". Non è possibile. Siamo fatti per essere in relazione con gli altri, nel bene e nel male, e quindi siamo programmati per essere toccati dalle loro parole.

Cosa fare allora?

Sposta. Sposta l'attenzione, il *focus*, sposta lo sguardo da quel giudizio che senti arrivare, da quella critica che è sempre in agguato.

Focalizzati su di te, sulle tue ragioni, sui tuoi valori, su quello che per te è davvero importante. Non è "fregarsene", è concentrarsi su ciò che conta veramente e ti sta a cuore.

Ricorda che le critiche e i giudizi, in realtà, non dicono niente su di te che li ricevi, ma dicono molto su chi li pronuncia.

Giudizio e autodialogo

E poi c'è il tuo.

Quello di cui forse ormai non ti accorgi nemmeno più.

Quello che scatta così automatico che sembra quasi naturale e innato in te: parlo del giudizio che emetti su te stessa.

Quante volte ti è capitato di esercitare critiche severe sulla tua persona, su quello che avevi fatto e su come avresti potuto farlo meglio?

Quante volte, dentro di te, hai formulato giudizi sul tuo fisico così cambiato, trasformato, così lontano dalle tue aspettative e sempre oggetto di confronto con quello di altre donne e mamme?

Quante volte ti sei detta *"che stupida che sono!" "quanto sono scema!" "sono un vero disastro!"*?

Tutto questo fa parte del tuo auto-dialogo, ovvero di quella vocina che ti accompagna ogni giorno e che dà una connotazione ai tuoi pensieri, alle tue azioni, ma soprattutto alla percezione che hai di te stessa.

Ed è proprio questa voce così critica, che mira ad un' irraggiungibile e – diciamolo!- anche un po' stucchevole perfezione, possibile causa di un vero e proprio auto-sabotaggio, che ti impedisce di vedere tutto il bello che c'è in te, portandoti a mettere sotto la lente di ingrandimento ciò che non va e che manca.

È una voce che, se alimentata e lasciata libera di dire la sua, può logorarti mente e cuore e farti sentire sempre inadeguata.

Ma è una voce che può essere anche trasformata, resa più dolce, comprensiva, accogliente. Prima, però, ha bisogno di essere identificata e riconosciuta.

Hai mai fatto caso al tuo auto-dialogo? Che tipo di voce interiore è la tua?

Promemoria

Non solo mamma...prima di tutto donna.
Non solo compagna... prima di tutto donna.
Non solo figlia... prima di tutto donna.
Non solo amica... prima di tutto donna.
Non solo gli altri... prima di tutti te.

Dove sono?

È come visitare una città che non conosci senza avere la guida a portata di mano.

Meglio ancora, è come quando un tempo- in assenza di *Google maps*- giravi per città nuove con la cartina in mano e cercavi di capire dove fossi: la ruotavi a destra e a sinistra, la mettevi sottosopra e poi cercavi con il dito il nome della strada, la direzione che volevi prendere.

Quando ti ritrovi fra le braccia il tuo bambino è così, soprattutto all'inizio: non sai da che parte orientarti, che strada seguire, quale percorso sia migliore. E a volte ti ritrovi a vagare, per giorni e giorni, per settimane, per mesi.

E la cosa peggiore qual è?

È che gli altri si aspettano, ma soprattutto tu ti aspetti di dover sapere già tutto, di dover essere campionessa mondiale di *orienteering* nell'universo del neonato.

E se avverti spaesamento, ecco che ti senti subito sbagliata, incapace, inadeguata.

La cartina per orientarsi nel mondo del bambino è una mappa complessa e molto estesa: non bastano due mani per tenerla aperta e capirci qualcosa.

Ci vuole squadra, collaborazione.

Occorre disponibilità a riconoscere che non si può e non si deve fare da guida a tutti. Questa mappa è una scoperta graduale, continua.

È spaesamento e sorpresa anche per te.

Perché in questa *mappa*…c'è un *mondo*.

Come se

Come se mancasse sempre qualcosa.

Come se dovessi fare sempre un po' di più.

Come se non fossi mai abbastanza.

Ma "abbastanza" per chi?

Per tuo figlio?

Per il tuo compagno?

Per la tua famiglia?

E per te stessa?

Riconoscimento e consapevolezza di ciò che hai già fatto e raggiunto.

Desiderio di crescere e spiccare il volo (sì, anche le mamme crescono e si evolvono).

Accettazione di ciò che non può essere cambiato.

Queste possono costituire parole-guida del tuo percorso, quelle che ridimensionano il peso del dover essere, del dover dimostrare, a te stessa e agli altri, quel qualcosa in più, che forse, in fondo, non senti nemmeno che ti appartenga e ti si addica.

Quello che non ho avuto

Se ripensi a quel periodo, inaugurato dal vostro rientro a casa dopo la sua nascita, saltano al cuore e alla mente immagini, emozioni, ricordi vividi e sfumati insieme.

Collezione di ritagli di una vita nuova, che iniziava a costruirsi concretamente sotto i tuoi occhi, fra le tue braccia, con tutte le incertezze e le insicurezze di chi si avvicina in punta di piedi ad un mondo del tutto sconosciuto.

Gioia e paura. Forse non subito felicità. Forse vuoto, forse solitudine.

Ripensarci adesso aiuta a guardare a quel periodo con occhi nuovi, ma non toglie dal cuore il pensiero di ciò che avresti desiderato avere in quei giorni e che non hai trovato.

Cosa ti è mancato nel tuo *post-partum*?

Non vediamo le cose
come SONO, ma come SIAMO

Osservi il mondo con le lenti della tua storia, del tuo vissuto. Oggi lo osservi con l'aggiunta delle tue lenti di mamma.

Molto di ciò che accade e che stai vivendo non è sempre positivo o negativo di per sé, ma lo è in base al tuo modo, unico e peculiare, di osservarlo e di dargli significato.

Perciò, scoprire significati alternativi, capire la ragione delle tue lenti attuali, dare nuovo senso al tuo oggi, può essere una delle chiavi per vivere questo presente con una predisposizione interiore diversa, più orientata all'accettazione di te stessa, nella tua unicità, e della realtà, nelle sue mille possibili sfaccettature possibili.

Come sono le tue lenti oggi? Quando si appannano, ti fermi a pulirle perché brillino e facciano passare la luce giusta?

Ricominciare

Riprendere da dove avevi lasciato.

Ritornare lì, in quel quotidiano fatto di interazioni con i colleghi, di riunioni, pause-pranzo, scadenze, appuntamenti e qualunque altra cosa faceva parte della tua vita professionale. È il tuo rientro al lavoro: un'altra tappa, decisamente sfidante, che si inserisce nel tuo percorso di neomamma.

Anche in questo caso non mancano emozioni contrastanti: da una parte senti il bisogno di tornare ad occuparti anche di altro, oltre che di tuo figlio.

Dall'altra, ti senti in colpa, perché pensi di sottoporre il tuo bambino ad una sorta di abbandono precoce e, magari, non del tutto motivato.

Dove sta l'equilibrio?

Probabilmente nel riconoscere e accettare che vi state confrontando entrambi, sia tu che il tuo bambino, con un'altra importante separazione, dopo quella della nascita. Una separazione che può naturalmente destabilizzare e portare con sé tristezza, pianto e protesta interiore. Ma è proprio quel pianto, quel conflitto che senti dentro a parlarti del vostro legame e di quanto questo sia forte.

È quel pianto che, un po' come alla nascita, permette ad entrambi di iniziare a respirare diversamente e dà l'avvio ad una nuova fase di vita per voi, dove la "te-mamma" e la "te-professionista" si tengono per mano.

Crescita a singhiozzo

Mai veramente dritto, mai veramente lineare. Piuttosto altalenante, variabile, instabile. Talvolta accidentato, con qualche radice che sporge dal terreno e rischia di farti inciampare.

È così il tuo percorso di crescita come madre.

Ed è questo continuo oscillare che ti fa sentire talvolta a disagio e impreparata.

Passando attraverso albe e tramonti sempre nuovi, cerchi l'equilibrio, un binario.

Qualcosa che ti offra un confine, una chiara direzione, una qualche certezza a cui aggrapparti quando non sai che cosa fare e dove devi andare. Qualcosa che ti rassicuri, che sia costante.

È naturale sentire questo bisogno.

È altrettanto naturale accoglierlo e nutrirlo.

Ma qual è l'altra faccia del binario, ovvero di quegli schemi che vai cercando o che tieni già saldi dentro di te e che ti fanno sentire al sicuro?

È possibile che alla lunga, invece che farti trovare un autentico equilibrio, ti mettano in una condizione di staticità e di immobilismo?

Proprio quando regna un eccessivo e rigido controllo, il rischio è quello di perdere la bellezza della trasformazione, dell'evoluzione.

Il rischio è smarrire lo stupore di fronte a nuove prospettive con cui guardare il mondo.

E ancora, il rischio è perdere l'opportunità di riscoprirti e accettarti ogni giorno come donna nuova, in cammino, con un pezzo di storia e di vita che aggiungono ancora più valore alla tua persona.

Una vita che contempla cadute, errori, risalite e ripartenze, ma che, insieme, ti regalerà sempre crescita e percorsi nuovi.

Pensieri dal tuo bambino

Due in uno, all'inizio

Tu sei la mia casa, il mio primo mondo. E io sento già tutto di te, mamma.

 Anzi, direi che quello che senti tu è quello che sento io, quello che vivi tu lo vivo anche io.

Avverto quando sei più stanca, piena di paure e preoccupazioni.

È come se io respirassi un'aria più pesante dentro di te, in quei momenti. E mi sento triste anch'io.

Invece, quando vai a fare una passeggiata, quando vedi un bel paesaggio, quando parli con qualcuno che ti fa sorridere o ti fa stare bene semplicemente con la sua presenza, le sue parole, le sue attenzioni, io sono felice.

Sento che tu stai bene e anche io sto bene.

Vorrei che tu stessi sempre bene, mamma. Così stiamo bene entrambi.

Chissà dove vanno a finire quelle sensazioni che avverto quando tu non sei tranquilla. Chissà se le ricorderò, forse mi rimarranno impresse da qualche parte, in qualche forma.

Non avere paura mamma, circondati di bellezza e di cose buone.

Fammi respirare l'ascolto di te stessa.

E anche quando non ce la fai, quando tutto ti sembra più grigio, dimmelo che è solo un momento, soltanto una fase di passaggio e che tu sei sempre con me e che mi vuoi. Comunque. Perché è bellissimo che tu mi stia portando da un mondo all'altro.

Nascere e rinascere

E' stata una grande prova, per entrambi.

Dopo nove mesi ho deciso di prendere il largo e di avventurarmi in questo viaggio, apparentemente di breve distanza, ma che ci ha richiesto tutta l'energia che avevamo messo da parte durante quel tempo.

Penso che non lo scorderò mai. In qualche angolo di me, di te, di noi, rimarrà impresso.

Che fatica abbiamo fatto! Eppure ci siamo riusciti. Insieme. Mai nemici. Abbiamo cavalcato quelle onde. Insieme. Come due surfisti.

E dopo quel buio, ecco quella luce abbagliante.

Avevo bisogno di penombra, di calma, di silenzio.

Avevo bisogno di ritrovarti, mamma, ed essere certo di non essere solo.

E anche tu, in quei momenti, hai dovuto fare i conti con tante paure, anche quelle più profonde, che avevano radici lontane.

Entrambi fragili, ma forti insieme.

È stata nascita per me, e per te una rinascita.

Coccole, nanna pappa
e il tuo sguardo

Di questo ho bisogno, mamma.

Ho bisogno di ritrovare il contatto e il calore del tuo corpo, di sentirmi avvolto e contenuto in uno spazio che mi ricordi il tuo grembo.

Così riesco a sentire i confini del mio piccolo corpo e a non percepirmi come una manciata di frammenti.

Ho bisogno di dormire senza sentirmi solo, ma protetto da te. Il distacco mi fa paura. Separarmi da te è uno *schock*, soprattutto adesso che sono così piccolo. Mi sento perso se non ti sento.

Ho bisogno di un cibo che sia su misura per me e non c'è niente di più buono e nutriente di quello che puoi donarmi tu. Ma, più di ogni altra cosa, ciò che mi nutre è il tuo amore. Questo per me è il cibo più importante.

Ho bisogno di sentirmi guardato e di comunicare con te con tutti i mezzi che abbiamo: il contatto, lo sguardo, la voce, l'olfatto, i sapori.

Tutti i sensi e in tutti i sensi.

Lo so, mamma, che ti chiedo molto. Sono tante le energie che metti in gioco ogni giorno per donarmi questa totalità e io ancora non ho gli strumenti per dirti grazie.

Ma intanto voglio ricordarti che ogni gesto, ogni sforzo, ogni tua fatica quotidiana è un mattoncino di vita e di amore concreto che mi permette di crescere forte dentro e capace di stare al mondo, al mondo di fuori.

E questo è il regalo più grande che tu possa farmi, ciò che dà senso al tuo essere mamma e al mio essere il tuo bambino.

Provo a immaginare

come sarebbe se...

- Ti dicessero che va bene tenermi in braccio tanto quanto tu lo desideri e tanto quanto io ne ho bisogno
- Ti confermassero che farmi dormire su di te o nel lettone con te è OK e che non devi giustificarti per questo
- Ti rassicurassero che può succedere di voler mollare tutto
- Ti dicessero che stai facendo un lavoro meraviglioso e che devi essere fiera di te
- Ti permettessero di prenderti una pausa anche da me per ritagliarti dei momenti solo per te stessa e ricaricarti
- Ti lasciassero in pace quando prendi le tue decisioni e fai le tue scelte per la mia crescita ed educazione.

Credo che tutto questo ti farebbe molto bene, mamma!

Io lo sento quanto bene fai a me, quante energie mi dedichi ogni giorno, quante parti di te, a volte, ti ritrovi a trascurare per dare spazio ai miei bisogni.

Tu sei la vera sorgente di regali, la fonte che dona senza pretendere nulla in cambio.

La tua è una catena di doni continui, trecentosessantacinque giorni l'anno, altro che Babbo Natale!

Sento quando sei più stanca o un po' più giù di morale.

Ma non farti una colpa di questo, se puoi.

Così mi permetti di imparare che si può essere fragili e che si può chiedere aiuto e consolazione.

Sei tutto per me, mamma, e insieme, giorno dopo giorno, impariamo sempre di più l'uno dall'altra, l'uno dell'altra, ed è scoperta e sorpresa infinita.

Raccontami

Raccontami ancora i colori dei nostri primi giorni insieme.

Forse erano toni di grigio, alternati o mescolati ad esplosioni di giallo, a dipingere quelle lunghe giornate in cui iniziavamo a conoscerci.

Forse erano sfumature di lacrime e sorrisi, mescolate insieme, che segnavano quelle notti in cui eravamo soli io e te, mamma.

Sono tante le tavolozze e i pennelli che hai utilizzato per adattarti a me, alla nuova te, a questa nuova famiglia.

Forse i colori che usavate tu e papà non sempre creavano tonalità armoniche.

Ma che importa? Avete colorato insieme quei giorni.

O almeno ci avete provato. Ci state provando.

Ed è questo arcobaleno di fragilità e di amore che mi nutre e mi insegna a dipingere la vita.

Bibliografia

Ammanniti, M.; Cimino, S.; Trentini, C., *Quando le madri non sono felici,* Il pensiero scientifico editore, Roma 2007

Ammanniti, M. *Pensare per due,* Editori Laterza, Roma-Bari 2008

Balsamo, E. , *Sono qui con te*, Il leone verde editore, Torino 2007

Bortolotti, A., *E se poi prende il vizio*, Il leone verde editore, Torino 2010

Bortolotti, A., *I cuccioli non dormono da soli*, Mondadori, Milano 2019

Bowlby, J., *Una base sicura*, Raffaello Cortina editore, Milano 1989

Gonzàles, C. *Un dono per tutta la vita*, Il leone verde editore, Torino 2008

Marcoli, A. (2018) *La rabbia delle madri,* Mondadori Libri, Milano

Stern, D.N. *La costellazione materna*, Bollati Boringhieri editore, Torino 1995

Stern, D.N.; Brushweiler-Stern, N., *Nascita di una madre-Come l'esperienza della maternità cambia una donna*, Mondadori, Milano 1999

Printed by Amazon Italia Logistica S.r.l.
Torrazza Piemonte (TO), Italy

23583718R00068